COLLOQUIA PONTICA 2

Les Forces Navales du Bas Danube et de la Mer Noire aux Ier–VIe Siècles

Octavian Bounegru

et

Mihail Zahariade

Edited by Gocha R. Tsetskhladze

Oxbow Books 1996

Colloquia Pontica
Publications on the archaeology and ancient history of the Black Sea

General Editor:
Gocha R. Tsetskhladze

Advisory Board:
P. Alexandrescu (Romania); A. Avram (Romania); J. Boardman (United Kingdom); J. Bouzek (Czech Rep.); C. Carey (United Kingdom); J. Carter (United States of America); W.D.E. Coulson (United States of America); Chr. Doumas (Greece); A. Fol (Bulgaria); J. Fossey (Canada); H. Heinen (Germany); J. Hind (United Kingdom); M. Kazanski (France); G. Koshelenko (Russia); S. Kryzhitskii (Ukraine); M. Lazarov (Bulgaria); P. Lévêque (France); J.-P. Morel (France); S. Okhotnikov (Ukraine); K. Porogianov (Bulgaria); S. Saprykin (Russia); W. Schuller (Germany); M.A. Tiverios (Greece).

Editorial Address:
Department of Classics, Royal Holloway and Bedford New College,
University of London, Egham, Surrey TW20 OEX, UK
(Tel: 01784-443203; Fax: 01784-439855)

Published by
Oxbow Books, Park End Place, Oxford OX1 1HN

© 1996 The individual authors

ISBN 1 900188 17 1

This book is available direct from
Oxbow Books, Park End Place, Oxford OX1 1HN
(Phone: 01865-241249; Fax: 01865-794449)

or

The David Brown Book Company
PO Box 511, Oakville, CT 06779, USA
(Phone: 860-945-9329; Fax: 860-945-9468)

Printed in Great Britain by
The Short Run Press, Exeter

Sommaire

Introduction to this Issue v
Avant-Propos vii
Abréviations ix

Introduction 1
   1. Sources antiques et sources archéologiques sur la marine du Bas Danube
      et de la Mer Noire 1
   2. Histoire des recherches 3

Classis et Limes du Bas Danube et de la Mer Noire 7
   1. Classis Flavia Moesica (Ier-IIIe siècles apr.J.C.) 7
   2. Classes aux IVe-VIe siècles apr.J.C. 22

Structure de la Flotte 29
   1. Classis Ravennatis et Classis Flavia Moesica 29
   2. Catégories de classes 32
   3. Unités et sous-unités 35
   4. Praefecti 37
   5. Officiers, sous-officiers et personnel dans classis 38

Types de Navires 45
   1. Types de navires employés sur le Danube aux Ier-IIIe siècles apr.J.C. 46
   2. Types de navires utilisés sur le Danube aux IVe-VIe siècles apr.J.C. 61

Ports et Amenagements Portuaires 73
   1. Ports maritimes 74
   2. Les ports fluviaux 82

L'activité de la flotte aux I^e-VIe Siècles apr.J.C. 91
  1. L'activité de la flotte aux Ier-IIIe siècles apr.J.C. 91
  2. L'activité de la flotte aux IVe-VIe siècles apr. J.C. 103

Supplementum Epigraphicum 115
Index 119

Introduction to this Issue

The current issue of *Colloquia Pontica* is a monograph written by two Romanian archaeologists: Dr M. Zahariade and Dr O. Bounegru. Dr Zahariade is a well-known scholar, the author of four books on Roman policy in Moesia and of numerous articles. He has excavated extensively the Roman settlements of the Danube, Dobrudja and Transylvania. Since 1973 he has worked in the Greek and Roman Military History Section of the Institute of Military History and Theory, Bucharest. Dr Bounegru teaches at the Department of Ancient History and Archaeology, University "Al. I. Cuza", Iasi. His academic interests are Roman trade in Moesia and Thrace, and Roman settlements in Moesia. He is the author of many articles and, since 1980, he has participated in the excavation of Histria. He has also excavated Callatis, Tomis and Cogealae.

I would like to thank Mr M. Kazanski (Paris), a member of the International Advisory Board of *Colloquia Pontica*, for helping to edit the text and making useful comments and suggestions. He has added a few lines about Roman fortresses in the northern Black Sea and selected the illustrations. I am deeply grateful to Mr D. Brown and Mr S. Tribe for their technical help and for doing so much to make *Colloquia Pontica* such a handsome publication.

Gocha R. Tsetskhladze,
General Editor

Avant-propos

La première synthèse sur la marine romaine aux Bas Danube au Ier siècle ap.J.C. , exprimée sous la forme d'une communication presentée par le regretté professeur Em. Condurachi au IXe Congrès international d'études sur les frontières romaines, qui a eu lieu à Mamaïa, avait déjà paru il y a presque deux décennies. A cette occasion, on mettait en évidence les limites de la connaissance dans cet immense et important domaine de l'activité de la flotte sur le Danube. On dessinait, en même temps, les directons futures d'une éventuelle recherche exhaustive du sujet. Notre ouvrage essaie de bien accomplir ces desiderata de l'historiographie roumaine. Il faut mentionner dès le début qu'une telle entreprise soulève certaines réserves pour tout chercheur. Tout d'abord, comme on le remarquera par la suite, c'est la quantité d'information qui en constitue un premier obstacle. Deuxièmement, les conclusions qui peuvent être tirées de l'analyse et de la corroboration de toutes les informations détenues jusqu'à présent, laissent encore confus d'importants aspects de l'organisation de la flotte. Enfin, les interprétations et les aspects nouveaux résultés de cette recherche restent encore, en large mesure, à être confirmés (éventuellement infirmés!) par les nouveaux documents et découvertes.

L'interdépendance de toutes les catégories de sources élucidant les aspects qui se rapportent à l'histoire de la flotte romaine du Bas Danube apparaît à l'évidence dans notre ouvrage aussi. A cet égard, la voie a bien été ouverte par A. Aricescu dans sa monographie dédiée à l'armée de la Dobroudja romaine. Les auteurs de l'ouvrage present, tout en insistant sur les divers aspects de la navigation militaire dans cette zone, se sont proposés de présenter dans le cadre d'une approche analytique, tous les problèmes concernant la structure, le personnel, la base matérielle et l'histoire de la flotte durant la période évoquée. Ce fut une occasion d'insister sur certains aspects moins approchés par la recherche moderne, de mettre en discussion des données et des interprétations nouvelles, de reconsidérer des opinions anciennes, d'élargir ainsi les chapitres insuffisamment traités dans les grandes synthèses, parues sur le plan international, sur la flotte du Bas Danube dans la première moitié du Ier millénaire ap.J.C.

Nous devons notre reconnaissance à nos collègues Al. Suceveanu et Al. Barnea pour les observations et les suggestions qu'ils ont soigneusement faites durant l'élaboration de cet ouvrage, aussi bien qu'à notre collègue M. Ciuca, dont l'acribie philologique nous a été réelement utile pour préciser certains termes et expressions, grecs ou latins, spécifiques au domaine naval.

Nous remercions également Monsieur le Vice-amiral Petre George pour l'aide qu'il nous a généreusement offerte pendant bien des années, aussi bien pour l'encouragement des recherches archéologiques de Murighiol - dép. Tulcea, qui ont trouvé dans notre ouvrage la place méritée, que pour les idées et les solutions utiles concernant le sujet abordé.

Les auteurs

Abréviations

AA, JDAI	*Archaölogischer Anzeiger, Jahrbuch des Deutschen Archaölogischen Institut,* Berlin
AARMSI	*Analele Academiei Romane. Memoriile Sectiunii Istorice,* Bucuresti
AE	*Année Épigraphique,* Paris
AEM	*Archäologisch-Epigraphische Mitteilungen aus Osterreich,* Wien
AMB	*Antike und Mittelalter in Bulgarien,* Berlin, 1961
AMN	*Acta Musei Napocensis,* Cluj-Napoca
Arch.Ert.	*Archaeologiai Értesitö,* Budapest
A. Aricescu, *Armata*	A. Aricescu, *Armata in Dobrogea romana,* Bucuresti, 1977
AUBist.	*Analele Universitatii Bucuresti Seria "Istorie",* Bucuresti
BCH	*Bulletin de Correspondance Hellénique,* Paris
BE	*Bulletin épigraphique* (annexe à Revue des études grècques), Paris
BJ	*Bonner Jahrbucher,* Bonn
BMI	*Buletinul monumentelor istorice*
M. Bollini, *Antichità*	M. Bollini, *Antichità classiarie,* Ravenna, 1968
BSNR	*Buletinul Societatii Numismatice Romane,* Bucuresti
L. Casson, *Ships*	L. Casson, *Ships and Seamanship in the Ancient World,* Princeton, 1971
C. Cichorius, *Trajanssäule*	C. Cichorius, *Die Reliefs der Trajanssäule,* II-III, Berlin-Leipzig, 1896-1900
CIL	*Corpus Inscriptionum Latinarum,* Berlin 1863 sqq.
C.Th.	*Codex Theodosianus,* en *Corpus Iuris Anteiustiniani,* vol.I-II, Bonn, 1837-1844
DID I	D. Berciu, D.M. Pippidi, *Din istoria Dobrogei,* I, Bucuresti, 1965
DID II	R. Vulpe, I. Barnea, *Din istoria Dobrogei,* II, Bucuresti, 1968
Frontières romaines	*Actes du IXe Congrès international d'études sur les frontières romaines. Mamaia 1972,* Bucuresti-Koln-Viena, 1974
Fontes II	*Fontes Historiae Dacoromanae,* II, Bucuresti, 1970
IGR I	*Inscriptiones Graecae ad res Romanas pertinentes,* I, ed.R. Cagnat, Paris
ILS	*Inscriptiones Latinae selectae,* ed.H. Dessau, Berlin
INMR	*Izvestija na Narodnija Muzei v Ruse*
IOSPE	*Inscriptiones antiquae orae septentrionalis Ponti Euxini,* I-IV, I², ed.B. Latyschev, Petropoli 1885-1916
IRAIK	*Izvestija Ruskogo Arkeologicheskogo Instituta v Konstantinopole,* Sankt Petersburg
ISM, I	*Inscriptiile din Scythia Minor, I, Histria si imprejurimile,* ed.D.M. Pippidi, Bucuresti, 1983

ISM, II	*Inscriptiile din Scythia Minor, II, Tomis si teritoriul sau*, ed. I. Stoian, Bucuresti, 1987
ISM, V	*Inscriptiile din Scythia Minor, V, Capidava - Troesmis - Noviodunum*, ed. Em. Dorutiu-Boila, Bucuresti, 1980
A.H.M. Jones, LRE	A.H.M.Jones, *The Late Roman Empire (284-602). A Social Economic and Administrative Survey*, vol.I-IV, London, 1964
JRS	*Journal of Roman Studies*
D. Kienast, *Untersuchungen*	D. Kienast, *Untersuchungen zu den Kriegsflotten der romischen Kaiserzeit*, Bonn, 1966
A. Koster, *Seewesen*	A. Koster, *Studien zur Geschichte des antiken Seewesen*, Klio Beihf. 32, 1934
Kratkie Soobchshoenija, Odessa	*Kratkie Soobchshoenija Odesscogo Archeologicescogo Obchshestva*
Limeskongress Aalen	*Studien zu den Militargrenzen Roms III. Vortrage des 13 Internationalen Kongress, Aalen 1983*, Stuttgart, 1986
MCA	*Materiale si cercetari arheologice*, Bucuresti
MEFRA	*Mélanges de l'Ecole Française de Rome. Antiquité*, Paris
MIA	*Materi-ali i issledovanija po arkheologij SSSR*, Moskva
NDOr.; *NDOc.*	*Notitia Dignitatum. Partes Orientis et Occidentis*, ed. O. Seeck, Berlin, 1876
C. Patsch, *Kampf.*	C. Patsch, *Beitrage zur Volkerkunde von Sudosteuropa, V/2: Der Kampf um den Donauraum unter Domitian und Trajan*, Wien-Leipzig, 1937
E. Petersen, *Kriege*	E. Petersen, *Trajans dakische Kriege nach dem Saulenrelief erzahlt*, I, Leipzig, 1899
H.G. Pflaum, *Carrières*	H.G. Pflaum, *Les carrières procuratoriennes équestres sous le Haut Empire romain*, Paris, 1960
D.M. Pippidi, *Contributii*[2]	D.M. Pippidi, *Contributii la istoria veche a Romaniei*, IIème ed., Bucuresti, 1967
PIR[2]	*Prosopographia Imperii Romani*, I-IV, IIème ed., edd. E. Groag, A. Stein, L. Petersen, Berlin-Leipzig, 1933-1970
A. von Premerstein, *Moesien*	A. von Premerstein, *Die Anfange der Provinz Moesien*, JOAI, I, 1898, Beibl. col. 145-196
RA	*Revue Archéologique*, Paris
RE	*Real Encyclopadie der Klassischen Alterumswissenschaft*, ed. A. Pauly, G. Wissowa, W. Kroll, Stuttgart, 1893 sqq.
M.I. Rostovtzeff, *SEHRE*	*The Social and Economic History of the Roman Empire*, ed. a II-a, Oxford, 1957
J. Rougé, *Recherches*	J. Rougé, *Recherches sur l'organisation de commerce maritime en Méditerrannée sous l'Empire romain*, Paris, 1966
J. Rougé, *Marine*	J.Rougé, *Le marine dans l'antiquité*, Paris, 1975
SA	*Sovetskaia Arkheologija*, Moskva
J. Scheffer, *Militia navalium*	J. Scheffer, *De militia navalium veterum libri quattuor ad historicam Graecam Latinamque utiles*, Upsaliae, 1654
SCN	*Studii si cercetari de numismatica*, Bucuresti
SCIV(A)	*Studii si cercetari de istorie veche (si arheologie)*, Bucuresti
SIG	*Sylloge inscriptiounm Graecarum*, ed. W. Dittemberger
C.G. Starr, *Navy*[2]	C.G. Starr, *The Roman Imperial Navy*, ed. a II-a, London , 1960
E.I. Solomonik, *Pamiatniki*	E. I. Solomonik, *Novye epigraficreskie pamiatniki r Hersonesa*, Kiev, 1974
A. Stein, *Legaten*	A. Stein, *Die Legaten von Moesien*, Budapesta, 1940
St.cl.	*Studii clasice*, Bucuresti
VDI	*Vestnik Drevnei Istorii*, Moskva
H.D.L. Viereck, *Flotte*	H.D.L. Viereck, *Die romische Flotte. Classis romana*, Hereford, 1976

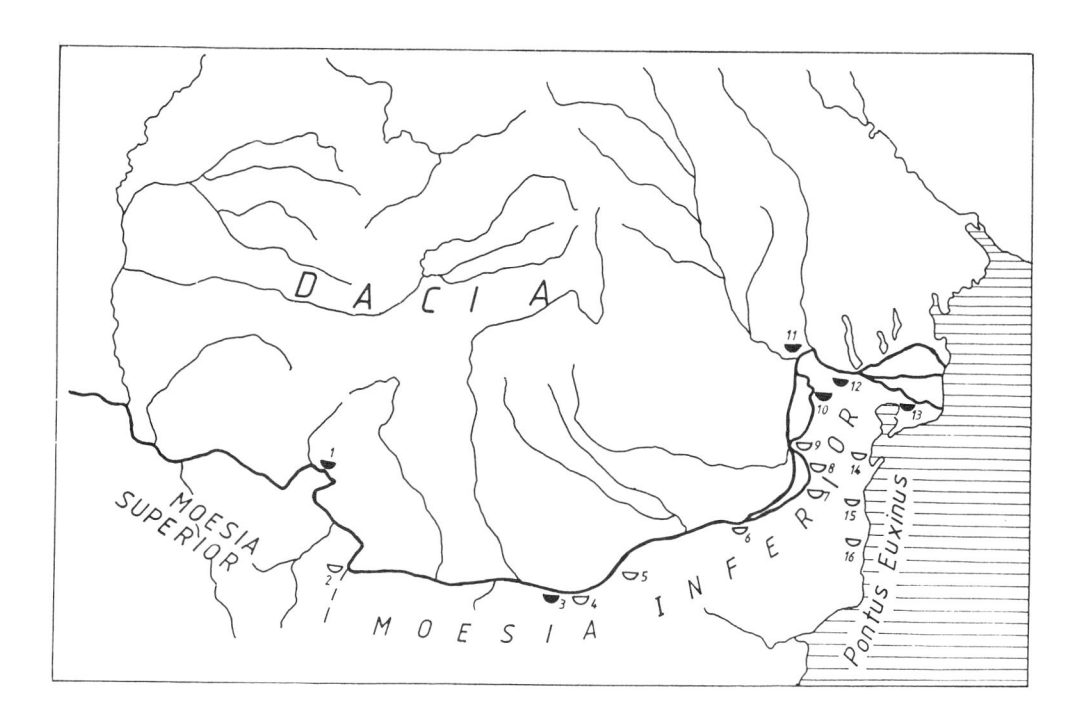

Map 1. Ports et bases de la flotte (Classis Flavia Moesica) au Bas Danube et à la Mer Noire aux Ier-IIIe siècles ap.J.C.: ◔ supposés; ● attestés du point de vue archéologique, épigraphique et littéraire: 1. Drobeta; 2. Ratiaria; 3. Novae; 4. Dimum; 5. Sexaginta Pristis; 6. Durosturom; 7. Axiopolis; 8. Capidava; 9. Carsium; 10. Troesmis; 11. Barbosi; 12. Noviodunum; 13. Halmyris.

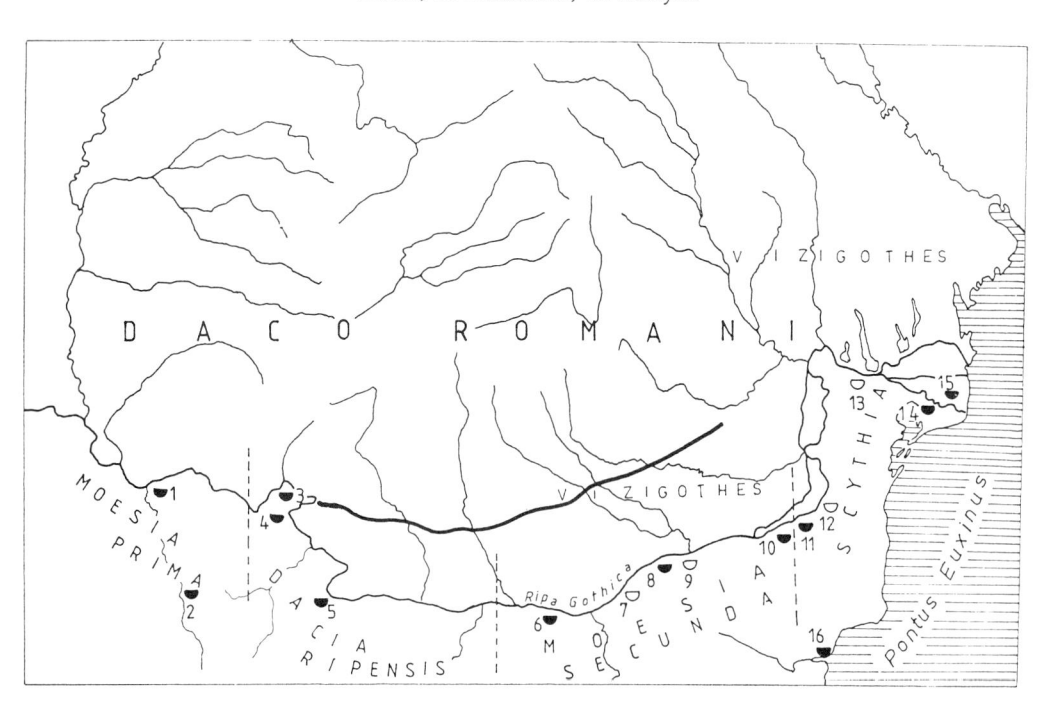

Map 2. Ports et bases de la flotte au Bas Danube et à la Mer Noire aux IVe-VIe siècles ap.J.C.: ◔ supposés; ● attestés du point de vue archéologique, épigraphique et littéraire: 1. Viminacium; 2. Margum; 3. Hajducka Vodenica; 4. Aegeta; 5. Ratiaria; 6. Novae; 7. Sexaginti Prista; 8. Appiaria; 9. Transmarisca; 10. Altinum; 11. Flaviana; 12. Axiopolis; 13. Novodunum; 14. Halmyris; 15. Plateypegiae. _ _ _ Zones d'action de la flotte, Ier-IIIe siècles apr.J.C.

Introduction

1. Sources antiques et sources archéologiques sur les forces navales du Bas Danube

L'élaboration d'une histoire de la flotte du Bas Danube pendant les Ier–VIIe siècles ap.J.C. ayant comme base les sources historiques et épigraphiques contient un certain degré de difficulté. Cela résulte tout d'abord de la quantité extrêmement réduite d'informations directes ou des celles que l'on peut déduire par l'analyse des sources littéraires, historiques, juridiques, papyrologiques, épigraphiques et iconographiques. Bien que l'interprétation de toutes ces catégories de sources soit marquée par le problème de la quantité, il faut reconnaître que, parfois, la qualité de l'information présente un intérêt remarquable. Cette situation ne semble pas de nature à empêcher l'approche d'un sujet comme celui-ci, d'autant plus que, grâce aux recherches des dernières décennies, le matériel archéologique et épigraphique accumulé offre des perspectives encourageantes.

L'investigation archéologique et les découvertes qui l'accompagnent, documents objectifs par leur nature même, permettent, dans le contexte plus large où elles sont effectuées, certains éclaircissements de grande importance notamment en ce qui concerne l'infrastructure de la flotte. Les recherches de *Drobeta, Capidava, Rasova, Halmyris* ont conduit à l'identification des aménagements portuaires. On connaissait depuis longtemps les installations portuaires, indentifiées aussi par les recherches archéologiques, de *Tomis* et de *Callatis*. Les découvertes épigraphiques ont apporté elles-aussi des précisions concernant les escadres de la flotte, l'activité économique se déroulant dans ses ateliers, le personnel actif et les vétérans. En même temps, l'action de carter les découvertes du matériel tégulaire estampillé, fabriqué dans les ateliers de le flotte mésique, a permis la réalisation d'une image plus circonstanciée de la circulation de cette catégorie de matériel tout au long du *limes*, de la présence d'une escadre fluviale dans divers points, de leur rayon d'action. La plupart des briques portant l'estampille *classis Flavia Moesica* se concentrent dans la zone *Noviodunum*, où se trouvait le commandement de la marine. Mais il faut remarquer que le manque de cette catégorie de matériel épigraphique au Sud de Barbosi, à l'exception d'un exemplaire à *Troesmis* et d'un autre de *Capidava* suggèrerait que la circulation du matériel de construction fabriqué dans les ateliers de la flotte était restreinte dans le secteur dobroudjain de la Mésie Inferior.

A *Charax* en Crimée, les découvertes tégulaires ont rendu possible la précision de l'activité d'une escadre de la flotte ravennate dans la première moitié du Ier siècle ap.J.C. D'autre part, les découvertes tégulaires de *Novae* ont montré le mécanisme de la subordination des certaines escadres de la flotte aux centres de légions du *limes*.

Les inscriptions concernant la flotte mésique offre des données précieuses sur le personnel actif qui servait dans cette unité navale, en indiquant le nom, le grade et la fonction, le nom du navire que les officiers et les sous-officiers servaient aussi bien que la présentation de plusieurs *praefecti* de la flotte, parfois avec toute leur carrière.

Une source papyrologique devenue déjà célèbre, récemment datée entre 105–107 ap.J.C. , à savoir le *pridianum* de la *cohors I Hispanorum veterana quingenaria*, fait mention sur l'intense activité navale sur le Danube à la fin des guerres daces.

Dans la catégorie des sources, disons officielles, se rapportant à la flotte au Bas Danube nous citons ici la *Notitia Dignitatum* et le *Codex Theodosianus*. Ce sont, toutes les deux, des sources d'importance exceptionnelle pour ceux qui étudient le BasEmpire offrant une large variété d'informations. Celles qui se réfèrent à la flotte sont traitées de façon plus détaillée dans la *Notitia Dignitatum*, dans les sections pour la *Moesia Prima*, la *Dacia Ripensis*, la *Moesia Secunda* et la *Scythia*, où l'on précise nominalement la composition des forces navales de chaque district et, à part quelques exceptions, les sièges de flotte. Le Code Theodosien complète la *Notitia Dignitatum* avec plus d'informations concernant les catégories et le nombre des navires presents sur le fleuve sur les segments de *limes* de la *Moesia Secunda* et de la *Scythia*. Si les décrets de ce précieux recueil, avec une applicabilité plus générale, implique aussi des activités maritimes de la flotte, sur la rive de l'Ouest de la Mer Noire, il est frappant que la *Notitia* ne fait aucune mention quant aux escadres maritimes, en nous privant ainsi des informations sur la présence des forces navales dans la Mer Noire.

Mais les sources de nature littéraire et historique forment la plus riche catégorie sur la base de laquelle on peut reconstituer en quelque mesure l'histoire et l'activité de la flotte a travers les Ier–VIe siècles ap.J.C. Le premier à offrir des renseignements sur la présence d'une flotte romaine sur le Danube fut Ovidius, se rapportant aux événements de l'an 12 ap.J.C. Flavius Josephus mentionne une escadre maritime romaine au Nord de la Mer Noire, auprès des troupes légionnaires. Après une interruption de presque deux siècles de ces références littéraires et historiques à la flotte, elles deviennent plus abondantes à partir du IVe siècle ap.J.C. lorsqu'un Ammien Marcellin ou, plus tard, les auteurs de l'*Historia Augusta*, font mentions à la participation de la flotte aux événements militaires des IIIe et IVe siècles ap.J.C. Un autre auteur, Zosime, raconte largement aussi bien l'activité de la flotte pour l'approvisionnement des garnisons romaines des *limes*, à l'approche des guerres avec les Goths des années 367–369, que, surtout, la modalité de transbordement des marchandises des navires maritimes sur les navires fluviaux. Le même historien décrit la bataille navale du Danube de l'an 386, entre les forces romaines dirigées par Promotus et les Ostrogoths. Dans un autre ouvrage du Ve siècle ap.J.C., écrit par Vegetius, on trouve d'importantes informations concernant le rayon de action de la section ravennate de la flotte impériale dans la Mer Noire et la technique de lutte dont les navires étaient dotés.

Pendant les VIe–VIIe siècles ap.J.C., un groupe d'écrivains romano-byzantins, Theophanes Confesseur, Menander Protector et Theophilacte Simocatta, donnent bien des détails sur l'activité de la flotte sur le Danube, se référant aux opérations contre les Sclavènes et les Avares, les types de navires utilisés ou la technique de traverser le fleuve.

La dernière catégorie de sources aussi importante que les autres, est représentée par le matériel iconographique. Il s'agit des représentations de types de navires de guerre qui, selon toute probabilité, ont été utilisés dans la zone dont nous nous occupons. De cette catégorie se détache, sans doute, la Colonne Trajane, sur les scènes de laquelle on rencontre divers types de navires de combat ou de transport, employés par les Romains pendant les guerres daces. Bien que peu nombreuses, les quelques représentations de navires de transport, sur les autels ou les stèles funéraires trouvés en Dobroudja, présentent une grande importance. Etudiées par comparaison avec d'autres représentation similaires du monde romain, elles contribuent à réaliser une image plus proche de la réalité des certains types de navires utilisés par les Romains dans l'approvisionnement et le transport des troupes.

2. Histoire des recherches

Jusqu'à présent on n'a pas réalisé un traité d'ensemble de la flotte danubienne *Classis Flavia Moesica*. Ce qui manque aussi, c'est un ouvrage spécial sur les flottes romaines ayant déployé leur activité dans la zone du Bas Danube dans la periode de IVe–VIe siècles ap.J.C. Cependant, par la réalisation de ce livre nous ne nous considérons pas des pionniers en ce qui concerne le sujet abordé. Au cours du temps, des savants et des chercheurs d'hier et d'aujourd'hui, ont essayé, dans les ouvrages de synthèse sur les flottes romaines ou dans les articles et les études spéciales, d'éclaircir les aspects les plus divers de la problématique des flottes danubiennes, en apparence restreinte, mais en réalité bien complexe par ses implications.

On ne peut pas présenter les ouvrages généraux se rapportant au sujet que nous prenons en discussion, sans mettre en évidence un très vieux et déjà oublié ouvrage, écrit il y a plus de trois siècles. Il s'agit du livre de J. Scheffer où l'on trouve, à ce que nous connaissons, les premières tentatives de systématisation de l'immense matériel fondé sur les fait (sources et inscriptions) portant sur l'organisation des flottes romaines à l'époque du Principat.[1] Bien que l'information de nature épigraphique se référant à ce problème se fût considérablement enrichi depuis l'apparition de ce livre, elle ne nous semble pas à présent complètement dépassée, soit aussi pour le fait que beaucoup de ses considérations se fondent sur l'analyse attentive des sources anciennes. Les références concises sur la flotte mésique et surtout sur son actif de commande mentionnées dans cet ouvrage constituent une première image de cette unité navale.[2] En ajoutant que J. Scheffer réalise une analyse pertinente des termes de navigation, des rangs militaires dans les flottes romaines et qu'il présente presque tous les types de navires circulant sur le Danube, même ceux mentionnés par les auteurs anciens

---

[1] J.Scheffer, *Militia navalium*
[2] *Ibidem*, p.114-116.

les plus obscures, on a l'image d'un ouvrage qui, tout en gardant les réserves imposées par le temps écoulé depuis son apparition, peut être aujourd'hui encore une source de référence. Si on s'est arrêté un peu plus sur cet ouvrage c'est pour tirer de l'oubli un auteur plein d'assiduité dont le livre, avec ses bonnes pages que nous venons justement d'énumérer, n'est pas cité, pour des raisons qu'on ne comprend pas, par aucune des synthèses présentées ci-dessous.

Longtemps, les brèves considérations se référant à *classis Flavia Moesica* comprises dans l'excellent article *classis* de O. Fiebiger, ont constitué la seule présentation synthétique du problème.[3] Cet auteur essaie de reconstituer la période de début de l'unité navale respective. Dans ces pages il y a certaines mentions qui se réfèrent aussi aux flottes romaines du Danube pendant le IVe siècle ap.J.C., reflétées dans la *Notitia Dignitatum*.

On peut considérer que le premier traité d'ensemble de l'activité de la flotte mésique est réalisé dans un chapitre spécial de l'ouvrage de C.G. Starr, resté jusqu'à présent fondamental pour tout chercheur qui se penche sur les problèmes des flottes romaines de la période du Principat.[4] Il est vrai que Starr approfondit moins certains aspects de cette problématique tel le rayon d'action de la flotte mésique, notamment sur la ligne du Danube, ou ses bases navales. Malgré tout, le mérite principal de cet auteur réside en ce qu'il a réussi à élaborer une présentation fidèle de l'activité de cette flotte au cours de son existence, tout en faisant référence aux officiers, aux sous-officiers et à son personnel auxiliaire. C'est à C.G. Starr que nous devons surtout, la première et peut-être l'une des rares tentatives d'encadrer correctement l'activité de la flotte mésique dans le événements politiques et militaires au Bas Danube pendant les Ier–IIIe siècles ap.J.C. Parmi ceux-ci, les guerres daco-romaines jouissent d'une attention spéciale, de mettre en relief la contribution des escadres danubiennes d'assurer la surveillance et la sécurité de la ligne du Danube, aussi bien que du littoral de la Mer Noire. Dans les pages de la thèse d'habilitation de D. Kienast on trouve aussi un effort pour mettre en évidence certains aspects de l'activité de la flotte mésique pendant les Ier–IIe siècles ap.J.C.[5] Il est aussi nécessaire de mentionner que cet auteur réalise une analyse approfondie de la dotation des flottes romaines avec des navires rapides de combat, de transport et de surveillance défendant le limes scythique et mésique en 412 ap.J.C., ce qui était stipulé également dans l'édit de Honorius et de Théodose II.[6]

Dans une comunication présentée au Congrès du *limes*, qui a lieu en 1972 à Mamaia, le regretté Professeur E. Condurachi abordait un problème peu débattu avant lui, justement pour son aridité, celui des débuts de la flotte mésique et de son activité durant le Ier siècle ap.J.C. En utilisant les informations historiques peu nombreuses, aussi bien que les inscriptions se rapportant à ce sujet, encore moins nombreuses, E. Condurachi à réussi à nous dévoiler des détails inaperçus, tout en nous laissant une image beaucoup plus circonstanciée sur la façon et la période de la création de la

---

[3] O.Fiebeger, *RE*, 3, 1899, *s.v.* Classis, col.2647-2648.
[4] C.G.Starr, *Navy*[2], p.129-137.
[5] D.Kienast, *Untersuchungen*, p.110-112.
[6] *Ibidem*, p.148-150.

flotte mésique, les facteurs politiques et militaires déterminant l'apparition de cette unité, sur la réorganisation de la flotte à l'époque de Vespasien, aussi bien que le rôle important joué par les escadres danubiennes pendant les guerres daces de l'époque de Domitien.[7]

Dans sa récente synthèse dédiée à l'armée de la Dobroudja romaine, A. Aricescu accorde à la flotte mésique quelques pages intéressantes. L'auteur étudie tout d'abord les sources épigraphiques, réalise une liste des préfets et des triérarques et fait également certaines observations se référant à la zone sur laquelle *classis Flavia Moesica* exerçait son autorité.[8] En ce qui concerne les débuts de cette unité navale, ainsi que son organisation, A.Aricescu reprend, en général, les contributions de ses prédécesseurs. Ce qu'il nous semble important à retenir c'est le fait que l'encadrement de la flotte mésique dans le contexte plus large du système défensif romain de Dobroudja, on dessine plus clairement encore son rôle de force de surveillance et de contrôle de la ligne du Danube.

Par ces présentations sommaires qui mettent en évidence l'historique du sujet que nous abordons et en rappelant qu'une synthèse très récente et précieuse sur l'organisation des forces navales romaines[9] ne nous a pas été accessible, s'achève pratiquement la liste des ouvrages ou l'on traite du problème de la flotte romaine *classis Flavia Moesica*. On comptait que dans la récente contribution sur la flotte romaine en général, l'espace accordé à cette unité navale danubienne soit proportionnel avec son importance pour la zone où elle agissait et sans se borner seulement à une liste de ses bases navales fluviales et maritimes.[10] On peut encore ajouter que certains aspects de l'activité des escadres danubiennes, particulièrement le rôle que *classis Flavia Moesica* eut dans le cadre des grandes confrontations daco-romaines, ont constituèrent l'object des observations et des interprétations exprimées par quelques exégètes de la Colonne Trajane. Il s'agit de E. Petersen,[11] C. Cichorius,[12] T. Antonescu,[13] C. Patsch[14] et R. Vulpe,[15] ce dernier essayant d'éclaircir un épisode moins connu de la première guerre dace. Il faut retenir aussi les interprétations récentes, critiquée par Kadeev, faites par E.I. Solomonik au sujet des unités de la flotte mésique au Nord de la Mer Noire.[16]

Enfin, les recherches plus récentes dues à O.Höckmann eclaircissent l'organisation et la dotation des flottes danubiennes du IVè siècle ap.J.C., par comparaison avec

---

[7] Em. Condurachi, *Frontières romains*, p.83-112.
[8] A. Aricescu, *Armata*, p.70-74.
[9] M. Reddé, *Mare Nostrum. Les infrastructures, le dispositif et l'histoire de la marine militaire sous l'Empire Romain*, Bibliothèque des Ecoles Françaises et de Rome, 1986.
[10] H.D.L.Viereck, *Flotte*, p.255.
[11] E.Petersen, *Kriege*, p.43-49.
[12] C.Cichorius, *Trajanssaule*, p.146-218.
[13] T.Antonescu, *Columna Traiana*, I, Iasi, 1910, p.108-180.
[14] C.Patsch, *Kampf*, p.50, 89, 98.
[15] R.Vulpe, St.cl., VI, 1964, p.205-232; idem, *Columna lui Traian. Monument al etnogenezei romanilor*, Bucuresti, 1988.
[16] E.I.Solomonik, *Pamiatniki*, p.226-228.

la situation des provinces rhénanes,[17] et la récente contribution de D. Mitova-Dzonova est en mesure d'offrir de nouveaux arguments archéologiques et géomorfologiques au problème de la géographie des bases navales de la flotte du Bas Danube.[18] En ce qui concerne la problèmatique plus spéciale des types de navires de guerre et de transport se trouvant dans la composition des escadres danubiennes, les indications bibliographiques abondantes du chapitre IV nous épargnent à mentionner une longue série d'ouvrage généraux et d'études consoirés à ce sujet.

Il ressort de la présentation ci-dessus qu'il y a encore assez de choses à éclaircir pour ce qui est des flottes romaines de la zone dont nous nous occupons, pendant les Ier–VIe siècles ap.J.C.: leur création et leur organisation, la collaboration entre les unités navales et terrestres, les zones d'action, les flottes de la periode tardive – sur lesquelles peu de chercheurs dirigèrent leur attention –, l'évolution du système naval (fluvial et maritime) de défense, pendant toute la période de domination romaine au Bas Danube. Ces problèmes constituent, évidemment, tout autant de désiderata de notre démarche. Si nous avons réussi, ne fut-ce que dans une certaine mesure, à éclaircir ces aspects, nous pouvons nous déclarer satisfaits d'avoir ainsi contribué à dessiner une image proche de la réalité d'un chapitre de l'histoire des provinces danubiennes et, implicitement, de la romanité au Bas Danube.

---

[17] O.Höckmann, *Jahrbuch des Romisch-Germanischen Zentralmuseums*, 33, 1986, p.410-413.
[18] D.Mitova-Dzonova, *Limeskogress Aalen*, p.504-509.

Classis et limes du Bas Danube et de la Mer Noire

1. *Classis Flavia Moesica (Ier–IIIe siècles ap.J.C.)*

Au premièr abord, les commencements de la flotte mésique, perdus pendant les événements passés dans la zone du Bas Danube au carrefour des Ier siècle av.J.C. et Ier siècle ap.J.C., semblent difficiles à saisir et à suivre. Pourtant, en opérant avec une délimitation stricte de ces événements, le problème peut-être sensiblement simplifié. En dernière instance, la question fondamentale que se pose tout chercheur se proposant cette démarche est la suivante: quelle eût été le rapport entre l'organisation du territoire et de la flotte romaine présente au Danube avant et après la création de la province de Mésie? Sans doute, c'est de la solution de ce problème que dépend l'énoncé d'une réponse, sinon très précise, du moins plus cohérente, à la question comment, quand et dans quelles conditions fut organisée la flotte mésique.

Selon notre avis, dans le cadre du processus de formation et d'organisation de la flotte mésique, ou quel autre nom eût-elle porté au début, on peut distinguer deux étapes. Une première étape, antérieure, correspondrait en temps aux deux dernières décennies du Ier siècle av.J.C. et à la première décennie du siècle suivant, période pendant laquelle, on sait bien, le Danube fut transformé en frontière romaine. C'est la période où, par des actions militaires successives, fut accomplit le plan d'Auguste d'occuper et de consolider la domination romaine au Danube; parmi les mesures organisatrices et militaires circonscrites à cette politique, on peut mentionner, entre autres, la création de la province de Pannonie. En ce qui concerne le Bas Danube, le contrôle romain de cette zone devient de plus en plus évident surtout après la campagne de Crassus de l'an 29 av.J.C.[1] A notre avis, il convient de mettre en evidence le fait qu'il existe assez d'indices de la présence effective des unités navales dans la zone, avant la création de la province de Mésie.[2] Ainsi, commençant par les actions

---

[1] R.Vulpe, *DID* II, p.36, considérait qu'au siège de Genucla avait participé aussi la flotte romaine. Il est difficile d'admettre aussi l'opinion du même auteur, selon laquelle cette flotte était établie, dès cette époque-là quelque part dans le Delta.

2. Un premièr témoignage de la présence de la flotte romaine sur le Danube est trouvé dans un passage d'Appien, *Illyr*, 22, 68, dans lequel ont été mentionnés les préparatifs d'Auguste, en 31 av.J.C., en vue d'une expédition dans la zone du Bas Danube. Le plan de l'empereur, dans le contexte de cette année-là, n'a plus été achevé.

déroulées sous le commandement de Lentulus,[3] aussi bien que celles d'Aelius Catus[4] et terminant par la libération de la forteresse d'Aegyssus par Vitellius,[5] il paraît probable que des unités de la marine romaine eussent apporté leur contribution à toutes actions militaires déroulées pendant cette période. De toute façon, le passage de Strabon mentionnant que pendant ces années-là[6] les Romains transportaient des matériaux de guerre sur le fleuve, indique un contrôle romain effectif des eaux du Danube, ce qui paraît inconcevable sans la contribution substantielle des forces navales.

Dans le contexte présenté, nous pensons avoir à faire, dès la première décennie du Ier siècle ap.J.C., à des unités navales romaines établies sur le Danube, qui pouvaient agir lorsque les événements l'exigeaient, et non pas à des escadres navales détachées des autres flottes. Autrement dit, nous essayons de voir dans ces unités mobiles, composés de navires de guerre, et de transport aussi, le noyau de la future flotte mésique. Il est difficile de préciser, au stade actuel de la documentation dont nous disposons, à quelle autorité furent subordonnées ces unités navales et comment furent-elles organisées.[7]

Un deuxième moment dans le cadre du processus que nous pursuivons est la création et l'organisation même de la flotte mésique. Ce moment doit être mis en rapport avec la création de la province de Mésie, qui eut lieu probablement en 15 ap.J.C.[8] Bien qu'on ne dispose d'aucune indication dans ce sens, il n'y a pas de raison de mettre en doute le fait que la flotte mésique fut créée tout à coup, ou peut-être pendant les premières années après la création de la province. Vers une pareille opinion nous dirige aussi un argument logique[9] selon lequel une province récemment créée, telle la Mésie, dont la frontière du nord était la ligne du Danube, devait avoir disposé, dès ses débuts d'une flotte qui puisse surveiller en permanence les rives du fleuve, comme il fut le cas des autres provinces danubiennes (la Pannonie) et rhénanes (la

---

3. Tacitus, *Ann.*, IV, 44; Florus, IV, 12, 20.
4. Strabon, VI, 3, 10. Pour des commentaires à cet épisode, voir A. von Premerstein, *Moesien*, p.181; V.Parvan, *Getica*, Bucuresti, 1927, p.96; R.Syme, *JRS*, 24, 1934, p.113; T.D.Zlatkovskaja, *Mezia v I-II vekakh nashei ery*, Moskva, 1951, p.42.
5. Ovidius, *Ex Ponto*, 1, 8, 11-20; 4-7, 11-30.
6. Strabon, VII, 3, 13.
7. Il est difficile de dire si les unités navales romaines du Danube se trouvaient sous l'autorité de ce praefectus orae maritimae supposé (A. von Premerstein, *o.c.*, p.170-171; Al.Suceveanu, *Pontica*, 4, 1971, p.115), ou d'un praefectus ripae Thraciae aussi hypothétique (*idem, RRH*, 13, 1974, 2, p.221). Pourtant, il faut signaler que, selon une conception plus ancienne (D. Kienast, *Untersuchungen*, p.121) un praefectus orae maritimae avait, d'ordinaire, seulement des troupes d'infanterie pour la défense de la côte. Mais il nous semble tout à fait inacceptable la supposition récente (Em. Dorutiu-Boila, *St.cl.*, XVII, 1977, p.99), selon laquelle le Bas Danube, ou la Dobroudja en tout cas, eût été confiée à un praefectus ripae Danuvii, tenant aussi la commande de la flotte; voir les observations de Al.Suceveanu, *SCIVA*, 30, 1979, 1, p.51 et les suivantes.
8. Appian, *Illyr.*, 30. Voir les commentaires de R.Syme, *loc.cit.*; J.H.Olivier, *Classical Philology*, 62, 1967, 1, p.41-42. *Cf.* et A.Mocsy, *Gesellschaft und Romanisation in der romischen Provinz Moesia Superior*, Budapest, 1970, p.47-49.
9. D'ailleurs, la plupart des ceux qui se sont occupés des flottes romaines provinciales admettent l'existence de la flotte mésique dès l'an 15 av.J.C. ou les années immédiatement suivantes; voir O.Fiebiger, *RE*, III, 1899, col.2648, *s.v.* Classis; C.G.Starr, *Navy*[2], p.132; D. Kienast, *o.c.*, p.110.

Germanie). Nous considérons donc que la création de la flotte mésique a lieu en même temps ou immédiatement après la création de la province de Mésie et la mission de cette unité complétait celle des troupes de terre cantonnées sur la rive droite du fleuve. Tous les autres détails concernant l'organisation et le commandement de cette flotte, à ses débuts, ne sont pas connus. Du moment que les informations nous manquent totalement, toute hypothèse qui pourrait être formulée dans ce sens nous semble risquée et, de toute façon, non-vérifiable.

Le nom de cette flotte fut dès le début *classis Moesica*, selon les premières mentions épigraphiques[10] qui parurent, il est vrai, bien plus tard mais pendant ou après le règne de Vespasien elle reçut le titre officiel de *Classis Flavia Moesica* qui allait se maintenir jusqu'au milieu du IIIe siècle ap.J.C. Il est nécessaire à présent de stander sur l'époque de Vespasien dans l'évolution de la flotte mésique. Partant de l'appellation *Flavia* de la flotte, nom que *classis Pannonica*[11] reçoit aussi, on lança l'idée qu'elle indiquerait un moment de réorganisation complexe de cette flotte à l'époque de Vespasien, notamment pendant ses premières années de son règne.[12] On essaya même, à un moment donné de démontrer que le mérite principal de la création de la flotte mésique doit être attribué à cet empereur.[13] Plus encore, tandis que certains historiens considèrent que le moment de la création de la flotte mésique pourrait s'encadrer dans les actions de consolidation de l'autorité romaine au Danube, sous le gouverneur Rubrius Gallus,[14] d'autres sont inclinés à placer le même moment pendant la légation de Q. Pomponius Rufus.[15]

Mais sur toutes ces opinions persistent encore de sérieuses ombres de doute. D'une part, comme nous l'avons déjà dit,[16] le titre de *Flavia* attribué aussi à la flotte mésique que pannonienne, n'implique absolument pas la réorganisation des flottes respectives et, assurément, n'indique pas leur création sous le règne de Vespasien. D'autre part, l'analyse des inscriptions qui mentionnent la flotte mésique au Ier siècle ap.J.C., peut suggérer qu'il y a plusieurs indices qui attribuent à Domitien le rôle d'avoir accordé le titre de *Flavia* à cette flotte. Il est certain qu'en 92 ap.J.C., lorsque des militaires furent libérés, la flotte se nommait *classis Flavia Moesica* (SE, 3). Mais quelques années avant, dans la première partie du règne de Domitien, bien avant l'an 86 ap.J.C., les inscriptions mentionnent encore *classis Moesica*. Il s'agit d'une inscription où l'on trouve le nom de Q. Atatinus Moedestus, *praefectus classis Moesicae* (SE, 2), ayant accompli

---

10. Il faut signaler pourtant la mention hypothétique de la flotte à l'époque de Claude (*CIL*, XVI, 3). Il s'agit d'un diplôme de l'an 54 ap.J.C., disparu aujourd'hui, découvert en Mésie, mais qui ne semble pas avoir quelque rapport avec un vétéran de la flotte, comme on avait considéré, voir les commentaires de C.G.Starr, *o.c.*, p.131, note 17.
11. *Ibidem*, p.132.
12. R.Vulpe, o.c., p.61; Al.Suceveanu, *o.c.*, p.52; Em.Dorutiu-Boila, *o.c.*, p.99.
13. Em. Condurachi, *Classis Flavia Moesica au Ier siècle de n.è., Frontières romaines*, p.84.
14. T. Antonescu, *Columna Traiana*, I, Iasi, 1910, p.112-114.
15. Em. Condurachi, *o.c.*, p.86. Cette opinion ne s'appuie pas sur des données concrètes. Au contraire, on peut préciser que ce Q.Pomponius Rufus apparaît sur un diplôme par lequel sont libérés les classici (*CIL*, III, 863 - Philopopolis), mais qui est daté en 99 ap.J.C., lorsque la flotte mésique était depuis longtemps constituée.
16. C.G. Starr, *o.c.* p.132.

cette fonction après l'an 80 ap.J.C. et, surtout, de l'importante inscription qui mentionne M. Arruntius Claudianus, *praefectus classis Moesicae et ripae Danuvii* (SE, 1). Il avait cette fonction avant 86 ap.J.C.[17]

Etant donné qu'avant 86 ap.J.C. la flotte se nommait *classis Moesica* et qu'en 92 ap.J.C. elle était déjà nommée *classis Flavia Moesica*, l'appellatin *Flavia* fut accordée pendant le règne de Domitien. Si cette interprétation était plausible, comme il résulterait, à une seule exception,[18] des textes des incriptions, il faudrait placer alors le moment de la réorganisation de la flotte mésique à l'époque de Domitien, éventuellement après on a partir de 86 ap.J.C.

On peut bien remarquer que, malgré le delai relativement grand entre le moment présumé de la création de la flotte mésique (l'an 15 ap.J.C.) et celui des premières mentions épigraphiques (les années 80–92 ap.J.C.), l'existence de la flotte appelée au début *classis Moesica* pendant toute cette période, ne peut pas être mise en doute. Elle continua d'exister sous ce nom jusqu'au milieu du règne de Domitien lorsqu'elle reçut aussi le titre de *Flavia*. Il est logique de penser que l'attribution de ce titre eût été la conséquence d'une réorganisation et, peut-être, d'un éventuel renforcement de l'ancienne *classis Moesica*, mesures sur lesquelles il est difficile à présent de nous faire une idée plus précise, faute d'informations.

L'un des aspects très importants au sujet de l'évolution de la flotte mésique est celui des bases navales des escadres romaines dans la zone du Bas Danube. Mais tout d'abord il faut dire quelques mots à propos des critères de l'indentification des stations de cette flotte. Dans le cadre de cette démarche nous tenons compte aussi bien des résultats des recherches archéologiques que des informations d'ordre épigraphique. Ainsi, nous considérons comme bases possibles de la flotte mésique les points de la ligne du Danube et du littoral de la Mer Noire, où l'on a mis au jour les traces de certains ports et aménagements portuaires, aussi bien que les points où furent découvertes soit des inscriptions se référant aux préfets, aux officiers et aux militaires, soit des briques portant l'estampille de cette unité.

Une première catégorie de bases de la flotte mésique réunit celles qui étaient plus ou moins sûres, telles:

1. *Drobeta*.[19] Le port danubien de grande importance pour surveiller le cours moyen du Danube. A la suite des recherches effectuées furent mises en evidence des constructions appartenant aux aménagements portuaires.

2. *Novae*. Les fouilles archéologiques récentes rendirent évidentes, dans la zone

---

17. Em.Dorutiu-Boila, *o.c.*, p.92, considère que Arruntius Claudianus avait détenu la commande de la flotte vers l'an 95 ap.J.C. F. Eichler, *AE*, 1967-1970, no.595, date la fonction de préfet de la flotte de ce personnage avant 86 ap.J.C., parce que la Mésie apparaît comme une province unitaire, encore non-divisée; on retrouve la même interpretation chez Al.Suceveanu aussi, *o.c*, p.55.

18. *CIL*, VII, 9538 (*SE*, 5), où est mentionné P.Aelius Marcianus, *praefectus classis Moesiaticae*, probablement vers 140 ap.J.C.; voir le commentaire de A.Aricescu, *Armata*, p.73.

19. Pour certaines bases de la flotte mésique, qu'on va présenter ci-dessous, telles Drobeta, Sexaginta Prista, Dimum, Axiopolis, Capidava, Carsium, on a des indices sur l'existence des aménagements portuaires. Pour éviter les répétitions, on considère utile de mentionner seulement les données archéologiques absolument nécessaires pour la compréhension des problèmes abordés dans ce chapitre. Toutes les autres précisions, tout comme les indications bibliographiques adéquates, sont inclues au chapitre V.

située en dehors du camp fortifié légionaire, vers le Danube, des structures qui peuvent être identifiers comme des instalations portuaires.[20] D'ailleurs, la postulation d'une importante base navale de la flotte mésique à Novae est imposée aussi par la découverte des briques à l'estampille de la légion I Italica, ayant imprimée la silhouette d'un navire de combat; nous allons revenir sur la signification de ces découvertes.

3. *Troesmis*. De même qu'à Novae, à Troesmis, un important siège de légion de la Dobroudja romaine, il y eut peut-être une base navale, dont la présence ici nous paraît logique dans le contexte des tâches d'ordre stratégique qui revenaient à la flotte mésique dans ce segment du fleuve, bien qu'elle ne fût pas mise en évidence du point de vue archéologique. Une brique à l'estampille de cette unité, découverte à Troesmis, dans le castre de l'est, semble le confirmer.[21]

4. *Barbosi-Dinogetia*. Les deux points fortifiés, situés l'un devant l'autre, le premier sur la rive gauche et le deuxième sur la rive droite du Danube, surveillaient le grand coude que les eaux du fleuve font vers l'est, vers l'embouchure dans la Mer Noire. L'existence d'une station de la flotte mésique à Barbosi est hors des doutes, parce qu'on sait bien que ce fort représentait une vraie tête de pont romain dans le territoire en dehors de la province et, en même temps, le principal point d'ou partait la voie commerciale de la valleée du Siret, vers la Dacie. Autant à Barbosi[22] à Dinogetia,[23] furent découvertes des briques à l'estampille *cl(assis) Fl(avia) My(sica)*.

5. *Noviodunum-Aliobrix*. Situées l'une devant l'autre, sur les deux rives du Danube, ces cités constituaient probablement la principale base navale de la flotte mésique. A Aliobrix furent découvertes plusieurs *tégulae* à l'estampille *clas(sis) F(lavia) M(oesica)*.[24] En ce qui concerne Noviodunum, il y a assez de raisons de considérer qu'on y trouvait "l'état-major" de la flotte. Il y a des preuves qui attestent l'existence d'un *praefectus classis*, représenté par *Postumus* (SE, 8), un *trierarchus*, C. *Candidus Germanus* (SE, 10) et un centurion, *Q. Iulius Heliodorus*, agissant sur la *liburna* appelée *Armata* (SE, 14). D'autre part, à Noviodunum fut découvert un riche matériel tégulaire ayant l'estampille de la flotte, en trois variantes: *classis F(lavia) M(oesica)*, *cl(assis) Flavia M(oesica)* et *cl(assis) Fl(avia) My(sica)* (Fig. 1).[25]

Tout cela indique non seulement un long cantonnement des unités de la flotte mésique à Noviodunum, mais aussi l'ampleur particulière de leurs ateliers. Enfin, comme nous allons le montrer d'ailleurs, les fouilles archéologiques effectuées sur la plage de l'extérieur de la cité ont mis en évidence des restes constructifs qui faisaient partie très probablement des aménagements portuaires de cette base danubienne.

6. *Murighiol*. Les découvertes épigraphiques récentes de la fortresse de Murighiol (dép. Tulcea), sur lesquelles nous allons revenir dans les pages qui suivent, attestent un *vicus classicorum* et prouvent l'existence dans ce point d'une *statio* de la flotte mésique.

7. *Tyras*. Une attestation épigraphique d'un *miles classiarius*, dans la personne d'*Ulpius*

---

20. T.Sarnowski, J.Trynkowski, *Legio I Italica - Liburna - Danuvius, Limes Kongress Aalen*, p.540.
21. *ISM*, V, 217.
22. *ISM*, V, 308.
23. *ISM*, V, 263.
24. I.D.Golovka, R.D.Bondari, A.D.Zaghinaito, *Kratkie Soobscenja*, Odessa, 1963, p.98, fig.3.
25. *ISM*, V, 283.

Valens (SE, 18), peut constituer la preuve d'une station de la flotte mésique dans cette cité de l'embouchure du Dniestre. Un argument indirect dans ce sens serait que les unités navales réalisaient la liaison entre les garnisons danubiennes et les nombreuses vexillations de toutes les légions mésiques mentionnées à Tyras.[26]

8. *Chersonèse*. C'est la plus importante base de la flotte mésique au nord de la Mer Noire; c'est d'ici que proviennent les cinq inscriptions mentionnant un *trierarchus*, *T. Aurelius Secundus* (SE, 12), un présumé *optio classis* (SE, 13), deux *milites classis Flaviae Moesicae* (SE, 15, 17), aussi bien qu'un autre *miles*, *C. Valerius Valens*, qui servait sur *liburna Sagitta* (SE, 16). La forteresse de Chersonèse abritait d'ailleurs, de nombreuses troupes de terre, vexillations des légions de Mésie.[27]

9. *Charax*. Sur la base des anciennes découvertes archéologiques mais, surtout, à la suite de la restitution du texte d'une estampille tégulaire, M. Rostovtzeff postulait l'existence d'une puissante *statio* navale à Charax (Ai Todor).[28] Le texte de l'estampille en question (VEXCPRSP) fut reconstitué *vex(illatio) c(lassis) R(avennatis) s(umptu) p(ublico)* (Fig. 2).[29] Même si la reconstitution respective est correcte,[30] nous ne pouvons pas savoir si cette vexillation de la flotte ravennate stationna à Charax longtemps, ou si, éventuellement, elle ne fut remplacée, à une période qu'on ne peut pas préciser, par une unité de la flotte mésique. Dans ce cas, la station de Charax représenterait la plus orientale base de la flotte mésique dans le bassin de la Mer Noire, d'autant plus qu'il y avait des vexillations de certaines unités de l'armée de la Mésie Inferieure[31] qui y stationnaient. Outre ces bases, sur l'existence desquelles il n'y a pas de raisons de se douter, nous pensons qu'on peut en supposer d'autres, au sujet desquelles, malheureusement, nous ne disposons que d'arguments indirects. Au stade actuel de nos connaissance il paraît probable que d'autres *stationes* de la flotte mésique existaient dans les localités présentées ci-dessous.

10(1). *Ratiaria*. Bien que les recherches archéologiques ne l'eussent pas encore mise en évidence et que les sources épigraphiques et historiques refusent de mentionner comme telle, la présence d'une base navale à Ratiaria s'avère fort possible dès la période de la création de la flotte mésique. Le nom de cette localité qui provient du

---

26. P. Nicorescu, Ephemeris Dacoromana, II, 1924, p.413. Pour d'autres vexillations attestées à Tyras, voir *CIL*, VIII, 619 *(tribunus militum legionis I Italicae, praepositus vexillationis Ponticis aput Scythiam et Tauricam)*; P.Nicorescu, Dacia, III-IV, 1927-1932, p.569 (Vexilarii ... sub cura legionis V Macedonicae), idem, AARMSI, t.XXVI, 1944, p.501-504 *(per vexillationem legionis V Macedonicae et auxiliis eius)*.

27. Parmi les unités militaires stationnées à Chersonèse, il faut citer celles de la légion I Italica (*IOSPE*, I¹, 547), V Macedonica (*IOSPE*, I¹, 549), la XIe Claudia (*IOSPE*, I², 550, 551, 748), auxquelles on ajoute *cohors I Bracaraugustanorum* (*IOSPE*, I¹, 530) et *cohors II Lucensium* (*CIL*, III, 14214 ³). A Chersonèse aussi est attestée un *praepositus vexillationis* (*CIL*, III, 13759).

28. M.Rostovtzeff, Klio, II, 1902, p.94-95, après une analyse attentive du texte identifie une fortification mentionnée par Arrianus, Per.Pont.Euxin, 9, 3-5, avec Charax de Ptolomée, III, 6, 2.

29. M.Rostovtzeff, o.c., p.93.

30. La réintégration est contestée par D.Kienast, o.c., p.111, note 112 et regardée avec réserve par R.Saxer, *Epigraphische Studien 1. Untersuchungen zu den vexillationen des Romisches Kaiserheeres von Augustus bis Diocletian*, Köln, 1967, p.92, nr.271.

31. CIL, III, 14215⁴: *Per L(ucium) A(....) C(.....) (centurionem)/leg(ionis) I Ital(icae) prae(positum)/ vex(illationum) Moes(iae) inf(erioris)*. Pour d'autres vexillations attestées à Chersonèse, voir *IOSPE*, I², 674–676.

Fig. 1 Estampilles tégulaires de la flotte mésique

Fig. 2 Estampille tégulaire de Charax à l'inscription VEXCRAVSP

type de navire *ratis* ou *ratiaria*, suggère un rapport direct entre le toponyme respectif et les activités se déroulant dans la sphère de la navigation militaire sur le Danube. On y ajoute la supposition, difficile à vérifier, selon laquelle Ratiaria eût constitué la base de départ de l'expédition de Vitellius (12 ap.J.C.).[32]

11(2). *Sexaginta Prista*. Les mêmes considérations peuvent être appliquées aussi à cet étrange toponyme qui est traduit d'habitude par "Soixante navires". Nous signalons quand même une interprétation plus ancienne qui met en doute cette traduction.[33] Ce qui produit confusion dans l'interprétation correcte du nom de cette localité c'est la façon différente dont elle est mentionnée chez les auteurs anciens et dans les itinéraires. Ainsi, si Ptolemée, III, 10, 10, l'appelle Πρίστη, chez Procope, *De Aedif*, IV, 4, p.307 (ed.Bonn), elle apparaît Ἔξευτα Πρίστα, dans l'*Itinerarium Antonini* est mentionnée, comme *Sexaginta Pristis*, et encore plus tard, dans la *Notitia Dignitatum*, comme *Sexaginta Prista*. La conclusion de G. Seure est que le nom de la ville a l'aspect d'une expression composée latine, prise d'un toponyme local, existant bien avant l'apparition de la fortification romaine.[34] A notre avis, on ne peut pas exclure la provenance du nom *Pristis* ou *Prista*, du terme *pristis* nous allons le montrer dans un autre chapitre, désigne un certain type de navire. Mais cela impliquerait aussi l'existence d'une base de la flotte mésique dans ce point.

12(3). *Dimum*. En ce qui concerne la zone proche à la localité Dimum (aujourd'hui Belene), on suppose avoir existé plusieurs installations portuaires, des canaux pour le refuge des navires, même des chantiers navals de réparations. On peut ajouter que, généralement, le cadre naturel de la zone respective, qui constitue d'ailleurs la source de nos suppositions, est vraiment très propice pour l'existence de tout un complexe de stations de la flotte mésique à Dimum.

13(4). *Durostorum*. En tant que siège de légion, Durostorum doit avoir possédé des installations portuaires et, éventuellement, avoir constitué en même temps une station de la flotte. Il ne faut souligner la coopération étroite qui eût existé entre les troupes de terre et les unités navales. Quelques découvertes tégulaires récentes semblent le confirmer, dans le cas du centre de Durostorum. En aval du castrum légionaire, juste devant le point Izvoarele, (dép. Constanta) ont été découvertes deux briques estampillées dont le texte a été complété: *leg(ionis) XI Pont(icae)*.[35] On a montré, à juste titre, que l'appelation *Pontica* de la XIe légion Claudia, non-atteste jusqu'à présent, suggérerait que l'unité respective eût eu comme secteur d'activité une zone plus large, comprenant le centre et le nord de la Dobroudja et même le nord de la Mer Noire, principalement la Crimée.[36] Ce sont les mentions épigraphiques de certaines unités appartenant à cette légion autant à Histria[37] et à Tomis[38] qu'à Tyras,[39] à Olbia[40] et à

---

32. V.Velkov, *Ratiaria. Eine romische Stadt in Bulgarien*, Sofia, 1966, p.3 et les suivantes.
33. G.Seure, *RA*, 1915, 2, p.165-190.
34. *Ibidem*, p.191.
35. M.Irimia, *Pontica*, 18, 1985, p.132, nr.2-3.
36. *Ibidem*, p.148-149.
37. *ISM*, I, 278, 292.
38. *ISM*, II, 267 (103), 383 (219).
39. *CIL*, VIII, 619.
40. *IOSPE*, I², 322.

Chersonèse[41] qui témoignent que cette constatation n'est pas loin des réalités militaires de l'époque. Dans ces conditions, il nous semble logique que, pour contribuer effectivement à la surveillance du littoral, notamment des côtes nordiques de la Mer Noire, la XIe légion Claudia avait eu peut-être dans sa composition des unités navales pour pouvoir maintenir la liaison avec les troupes éloignées du siège principal.

14(5). *Axiopolis.* L'existence des aménagements portuaires à Axiopolis n'est pas encore entièrement confirmée, mais elle est, en échange, suggérée par la présence des ces *nautae universi Danuvii*[42], dont l'activité navale, soit de nature militaire, soit lié au trafic de marchandises, ne pouvait pas se dérouler sans une base navale. Mais il est difficile à dire si cette dernière eût représenté en même temps une base de la flotte mésique.

15–16(6–7). *Capidava; Carsium.* Ce sont deux importantes fortifications du *limes* mésique, où l'existence est possible des installations portuaires, dont l'ampleur ne peut pas pour l'instant être déterminée. Il n'est pas exclu que ces installations eussent été utilisées aussi, du moins aux IIe–IIIe siècles ap.J.C., par les unités de la flotte mésique.

17–19 (8–10). *Histria; Tomis; Callatis.* Pour toutes ces villes, importants ports maritimes, on ne détient aucune preuve quant à l'existence de bases navales militaires, bien qu'on ne puisse pas non plus exclure une telle hypothèse. Pour qu'elle puisse accomplir sa mission de surveillance et de défense du littoral ouest-pontique, la *classis Flavia Moesica* pouvait utiliser, en dernière instance, même les installations portuaires "civiles" de ces villes.

20(11). *Olbia.* Dans les conditions de la présence des vexillations des légions mésiques, attestées par Antonius Pius[43] jusqu'au milieu du IIIe siècle ap.J.C.[44], s'impose l'existence d'une station de la flotte mésique à Olbia qui eût assuré la liaison avec la province.

Il résulte de notre présentations que la plus occidentale base de la flotte mésique serait celle de *Drobeta*, et la plus orientale celle de *Charax*. Elles constituent, en fait, les limites approximatives de la zone d'action de cette force navale. Nous allons examiner ensuite, dans le contexte de l'information dont nous disposons, les étapes de la constitution de la zone d'activité de cette flotte. Ces étapes sont, sans doute, étroitement liées de l'intégration graduelle au système politique romain des zones de l'embouchure du Danube et des côtes du nord de la Mer Noire.

Il faut supposer qu'au moment de sa constitution, moment qui semble coïncider avec la création de la province de Mésie, la flotte mésique surveillant la frontière danubienne de la province, respectivement de *Viminacium* jusqu'en aval de *Novae*. Il n'est pas exclu qu'à partir dès le milieu du Ier siècle ap.J.C., bien qu'on n'ait aucun indice dans ce sens, sa sphère d'activité eût inclus également la zone dobroudjanne du Danube. C'est ce qui allait s'accomplir d'ailleurs après l'annexion de ce territoire

---

41. *IOSPE*, I², 550, 551, 748.
42. *CIL*, III, 7485.
43. *IOSPE*, I², 322: *Vexillatio legiones XI Claudia, I Italica, V Macedonica et cohortes VI miliariae Asturum*, dirigée par un centurion de la légion XI Claudia.
44. *IOSPE*, I², 167, inscription de 248 ap.J.C.

à la Mésie. Dans ces conditions s'impose la supposition que dans sa première période d'activité, la flotte mésique eût eu comme base du commandement un *statio* située dans les limites dont il s'agit, mais qui nous est inconnue à présent.

Les choses se compliquent en quelque sorte lors de la division de la province, en 86 ap.J.C. Sur la base des analogies avec la situation de Pannonie et de la Germanie,[45] on essaya de démontrer qu'après la division de la province la flotte mésique fut confié à la Mésie Inférieure.[46] Il est exact que les diplômes offerts aux soldats de cette flotte étaient émis par des gouverneurs de cette province; c'est ce qui prouve seulement que l'état-major se trouvait dans cette zone et non pas le fait que la flotte était attribuée seulement à la Mésie Inferieure. Il ne faut pas perdre de vue que, dans ce dernier cas, le segment correspondant à la Mésie Superieure fût resté découvert. Il est naturel donc de supposer qu'à partir de la fin du Ier siècle ap.J.C. le rayon d'action de la flotte couvrait toute la frontière fluviale des deux Mésies. A l'appui de ces hypothèses on peut apporter le texte d'une inscription rappelant ce *praefectus Moesicae* et *ripae Danuvii*, nommément *M. Arruntius Claudianus*.

Une interprétation récente du texte de cette inscription a essayé de préciser, d'une part, que le secteur où exerça ce personnage sa fonction de *praefectus classis* était la Mésie Inferieure, et d'autre part que *ripa Danuvii*, serait certainement dans cette zone.[47] A cette opinion on peut apporter certaines objections, la plus sérieuse en étant celle selon laquelle *ripa Danuvii*, conformément aux inscriptions, doit être placée sur le Danube moyen, en Pannonie et constituait probablement un organisme qui précédait l'organisation définitive des frontières fluviales.[48] A notre avis, dans le cas de M.Arruntius Claudianus il s'agirait d'un cumul de fonctions, mais qui n'impliquait pas aussi la correspondance entre la zone d'activité de la flotte et *ripa Danuvii*. Il est possible que dans la période où ce personnage détenait la fonction de préfet de la flotte mésique, il dirigeait également l'organisme nommé *ripa Danuvii*, situé en Pannonie. Nous sommes donc en présence de l'extension de l'autorité de ce prefet jusque dans la zone du Danube Moyen. Tout ceci peut constituer un argument indirect en faveur de l'hypothèse que le rayon d'action de ladite flotte s'étendait aussi dans la Mésie Supérieure.

En même temps avec l'expansion de l'autorité romaine sur toute la région entre le Danube et la mer, moment qui doit être placé, au moins du point de vue militaire, pendant le règne de Vespasien,[49] il est certain que le rayon d'action de la flotte mésique couvrait aussi effectivement le secteur dobroudjan du Danube. A la fin du Ier siècle ap.J.C. et au début du siècle suivant, il est probable que la base de la flotte se fût

---

45. E.Ritterling, *Arch.Ert.*, XV, 1923-1926, p.294.
46. C.G. Starr, *o.c.*, p.105; Em.Dorutiu-Boila, *o.c.*, p.94. Presque dans le même sens, Al.Suceveanu, *o.c.*, p.57, qui suggère un éventuel contrôle de la flotte mésique dans la zone Sirmium, ce qui est, pour le moment, difficilement à démontrer.
47. Em.Dorutiu-Boila, *o.c.*, p.94-97. Nous exprimons notre doute sur la possibilité de l'identification de la ripa Danuvii avec ripa *Thraciae* et d'autant plus sur l'éventuel rapprochement entre ripa Danuvii et le district douanier mentionné dans la horothesie histriene (*ISM*, I, 68, 69).
48. Al.Suceveanu, *o.c.*, p.57-58.
49. *Idem*, *Pontica*, 4, 1971, p.105-121; A.Aricescu, *o.c.*, p.26.

établie définitivement à Noviodunum.

De la présentation des bases navales de la flotte, aussi bien que des informations historiques et épigraphiques il ressort clairement que le rayon d'activité de cette flotte s'étendait jusqu'en Crimée. Ce processus peut être éludié dans le contexte des étapes successives de l'établissement du contrôle romain sur le littoral du nord de la Mer Noire. Ainsi, une première étape commence dès l'époque de Claude[50] et culmine par les mesures d'ordre militaire et stratégiques de l'époque de Neron,[51] concrétisées tout d'abord dans les actions de Silvanus Aelianus.[52] Un certain passage de Flavius Josephes prouve que dès 66 ap.J.C. le contrôle romain au nord de la Mer Noire, maintenu autant par des troupes de terres que des unités navales,[53] était un fait accompli. Les bases militaires du littoral du nord, dont celle de Chersonèse se détache comme la plus importante, se constituaient en cordon militaire ou étaient englobées aussi les cités grècques avec leurs territoires.[54]

A partir du règne d'Hadrien on assista au renforcement des garnisons romaines du nord de la Mer Noire par le détachement des plusieurs vexillations à Chersonèse et à Tyras.[55] Dans la même période Olbia fut intégrée au système militaire romain[56]. Il n'est pas exclu que toutes ces garnisons eussent eu un certain rôle dans la surveillance d'une route stratégique tout au long du littoral du nord, route qui représentait en même temps une importante voie commerciale entre la zone de l'embouchure du Danube et la côte de la Mer Noire.[57]

Nous avons donc toutes les raisons pour affirmez que, dans l'ensemble de la politique romaine au nord de la Mer Noire, le contrôle militaire naval réalisé à l'aide de la flotte mésique n'était point négligeable. Les unités navales de cette flotte assuraient, d'une part, l'approvisionnement des garnisons romaines, mais aussi le transport des troupes, et d'autre part, la liaison tellement nécessaire avec l'Empire, dans le cas présent avec les garnisons de Mésie. Dans ce contexte, il ne nous semble pas dué au hasard le fait que, au moins depuis le début du IIe siècle ap.J.C., l'état-major de la flotte mésique s'etablit à *Noviodunum*. Ce déplacement vers l'est de la base-commandement répondait aux nouvelles nécessités d'ordre stratégique, par l'extension considérable du rayon d'action de la flotte jusqu'aux garnisons lointaines de Crimée. Un simple regard sur la zone d'activité de la flotte nous confirme que l'établissement à Noviodunum, juste au milieu de cette zone, de la base principale, constitua tout d'abord une mesure d'ordre stratégique.

Si pour le nord de la Mer Noire on a assez de documents concernant l'activité de la marine et implicitement les limites de son rayon d'action dans cette zone, la situation

---

50. Tacitus, *Ann.*, XII, 15.
51. Pour la politique de Neron dans la Mer Noire, voir D.Kienast, *o.c.*, p.112-113; E.S.Golubtsova, *Rimskaja politika v Severnom Prihcernomorija*, Moskva, 1950, *passim*. Cf. D.Tudor, AUBist., 5, 1956, p.64-69.
52. D.M. Pippidi, *Contributii*[2], p.362; C.G.Starr, *o.c.*, p.131.
53. Flavius Josephus, *Bell.Jud.*, II, 16, 4.
54. N.I. Repnikov, *SA*, VII, 1941, p.123.
55. Voir, en général, M.Rostovtzeff, *o.c.*, p.83; A.I.Tiumenev, *VDI*, 1949, p.84.
56. C.G. Starr, *o.c.*, p.136.
57. I. Beliaev, *VDI*, 1969, p.135-136.

n'est pas similaire pour le littoral ouest-pontique. Bien que l'inscription dans laquelle est cité le préfet *Vindius Verianus* (SE, 7), suggère que le rayon d'action de la flotte danubienne incluait aussi Histria avec son territoire, on n'a aucun indice sur les limites du sud de cette zone.[58] Mais en usant des informations dont on dispose et qui se rapportent aux autres forces navales de Rome dans la région pontique, on peut délimiter plus exactement la zone d'influence de la flotte de la Mer Noire sur le littoral ouest-pontique.

Les recherches dévoilent qu'au Ier siècle ap.J.C. existait la flotte appelée *classis Perinthia* qui surveillait la zone des détroits.[59] On suppose que cette flotte dont on connaît à présent très peu l'activité,[60] fut créée par Claude lors de l'annexion de la Thrace et qu'elle contrôlait la Propontide, en contribuant à la fois à transborder les troupes et les provisions d'Europe en Asie.[61] Malheureusement, on ne peut pas poursuivre l'évolution de cette flotte durant le IIe siècle ap.J.C. par manque d'informations. Mais, en échange, il y a plus de documents pour la plus importante flotte romaine de la Mer Noire, *classis Pontica*. Créée pendant le règne de Néron, ou peut-être peu de temps après, la flotte pontique surveillait au début le littoral de la zone Trebizonde plus au nord, plus tard, sous Hadrien, elle élargit sa zone d'influence également sur les rives caucasiennes.[62] Une inscription de Sinope démontre que la flotte pontique contrôlait aussi, dans la même période, la côte de la Bithynie.[63]

Dans la deuxième moitié du IIe siècle ap.J.C. le quartier général de la flotte se retire à Cyzic, en déplaçant ainsi sa sphère d'activité vers l'ouest.[64] Ce transfert fut imposé par l'augmentation du volume du trafic sur Bosphore, mais aussi par les incursions dévastatrices des *Costoboques*.[65] Par le transfert de son commandement à Cyzic, la flotte pontique prenait aussi la surveillance de Propontide, en remplaçant la flotte *périnthyque*, qu'on ne retrouve plus mentionnée dans les sources. Mais *Classis Pontica* continue de surveiller aussi les côtes du nord de l'Asie Mineure et caucasiennes. Plus encore, selon une plus ancienne interprétation,[66] il est possible qu'existait, à une époque qu'on ne pourrait pas préciser, une *statio* de cette flotte à Charax. Dans ce cas, on aurait non seulement la preuve de l'élargissement du rayon d'action de la

---

58. Les informations concernant ce praefectus orae maritimae (voir note 7), ne nous aident pas à résoudre ce problème. Il semble être prouvé, un praefectus orae maritimae n'avait pas en sous-ordre des unités navales, mais seulement des troupes terrestres; voir C.G. Starr, *o.c.*, p.131, et, surtout, D. Kienast, *o.c.*, p.121.
59. *Ibidem*, p.109.
60. Un des rares documents qui attestent cette flotte est une inscription de l'an 88/89 ap.J.C., ou est mentionné un trierarchus Ti.Claudius Zena (*IGR*, I, 781).
61. C.G. Starr, *o.c.*, p.126.
62. *Ibidem*, p.127-218.
63. J. Moreau, *Sur une inscription de Sinope*, Limesstudien, Basel, 1959, p.84. Il est sûr que depuis le début du IIe siècle ap.J.C., Classis Pontica contrôlait toute la côte du Sud de la Mer Noire, ayant des bases à Kerasos, Amisos et Heraclees; voir dans ce sens D. Kienast, *o.c.*, p.117.
64. L'inscription de 175 ap.J.C., citant L.Iulius Vehilius Gratus Iulianus, *procurator Augusti et praefectus classis Ponticae* (*ILS*, 1327), démontre cette chose. Un autre préfet de la flotte, ayant son siège toujours à Cyzic est mentionné dans la deuxième moitié du IIIe siècle ap.J.C. (*IGR*, IV, 150).
65. C.G. Starr, *o.c.*, p.129.
66. B.I. Farmakovskii, *AA,JDAI*, 1911, col.234-238.

flotte pontique jusqu'au nord-ouest de la Mer Noire, mais aussi d'une délimitation entre les zones d'activité de cette flotte et de la flotte mésique, quelque part, dans le voisinage, ou peut-être même à Charax.

Dans le contexte de ce qu'on vient de dire il s'impose quelques constations. Tout d'abord, selon toutes probabilités, *classis Pontica* surveillait les côtes du sud de la Mer Noire depuis les détroits jusqu'à l'est de Trapezunt, puis les côtes caucasiennes et, probablement, du nord-est de la mer, c'est à dire la partie orientale de la Mer Noire. Deuxièmement, on peut remarquer qu'il revenait à la flotte mésique, comme zone d'action, autant la côte du nord que celle de l'ouest du Pont. Tout étrange qu'il pourrait paraître, du moment que dans la zone ouest-pontique il n'y a pas une autre unité navale attestée, il faut supposer que la flotte mésique surveillait toute la côte de l'ouest de la Mer Noire, éventuellement jusqu'à Bosphore, son rayon d'action comprenant dans ce cas toute la moitié ouest du bassin pontique. Il est vrai que pour les territoires littoraux situés au sud de Histria on n'a aucune information concernant la présence de quelque manière de la flotte mésique. Mais il faut souligner que, généralement, les mentions épigraphiques se référant aussi bien à la flotte mésique qu'à la flotte pontique de la Mer Noire sont assez pauvres et donc non-concluantes pour poursuivre tous les aspects liés à l'activité et aux missions d'ordre stratégique qui revenaient à ces flottes. Seules les découvertes futures seront en mesure de confirmer ou d'infirmer la valabilité de nos opinions.

Ainsi, la zone d'activité de la flotte mésique était bien large, recouvrant toute la ligne du Danube depuis *Viminacium* jusqu'à l'embouchure du fleuve, aussi bien qu'un tiers du littoral de la Mer Noire. Pour accomplir efficacement sa tâche de défense et de contrôle de cet immense territoire, la *classis Flavia Moesica* doit avoir disposé des effectifs considérables, matérialisés autant en soldats marins qu'en navires de combat et de transport[67]. Etant donnée l'étendue du secteur confié pour la surveillance, les unités navales de cette flotte pouvaient exécuter leurs missions seulement dans les périodes de calme relatif aux frontières de la province. Mais la force de choc de la flotte mésique n'était plus suffisante alors que, dans la zone qu'elle défendait, éclataient des confrontations militaires entre les troupes impériales et les Barbares, conflits au cours desquels les escadres fluviales ou maritimes étaient beaucoup plus intensément sollicitées. A ces occasions on faisait appel, comme il était naturel, à l'aide des autres flottes romaines, tout d'abord des flottes prétoriennes. C'est bien le cas des guerres daco-romaines dont nous allons nous occuper dans les pages qui suivent. Il semble que la même situation allait se répéter, un demi-siècle plus tard, lors des guerres marcomannes.

Une très importante inscription découverte à *Diana Veteranorum* (Numidie) nous renseigne qu'en 168 ou 169 ap.J.C. un officier romain, *M. Valerius Maximianus*, conduisit un convoi de navires transportant des provisions sur le Danube, en montant, dans la zone du théâtre d'opérations.[68] L'importance de ce convoi de navires pour le

---

67. Pour tous ces types de navires, voir le chapitre IV.
68. H.G. Pflaum, *Carrières*, II, p.476, no.181, r.5-7: ... *ad deducend(a) per Danuvium, quae in annonam Panno(niae)/utriusq(ue) exercit(um) denavigarent, praepos(iti) vexillationum clas(sium) praetor(iarum), Misenatis item Ravennatis item clas(sis) Brittanic(ae) item equit(um) Afror(um) et Maurorum.*

ravitaillement des troupes de Pannonie, est exprimée par le fait que les navires de transport étaient accompagnés par les *vexillationes*, lesquelles il faut voir des navires de combat,[69] des flottes de Misène, de Ravenne et de la flotte britannique, aussi bien que par des cavaliers africains et maures qui lui assuraient la sécurité sur les rives du fleuve. Les informations offertes par cette inscription semblent en quelque sorte surprenantes: bien qu'ils eussent parcouru jusque dans la zone où se déroulaient les affrontements, (tout le secteur danubien surveillé par la *classis Flavia Moesica*), les navires de transport de ce convoi n'étaient pas défendus par les unités navales de cette flotte, mais par des navires de guerre appartenant aux flottes prétoriennes et même à la flotte britannique. L'explication de cette situation pourrait être que, dans les conditions des guerres marcomannes, la flotte mésique ne pouvait pas se dispenser de ses unités, parce qu'elle devait assurer la frontière danubienne épargnée par ces conflits. Cela veut dire que la flotte mésique ne disposait pas de tels effectifs qui lui permettent une implication directe dans les conflits militaires, d'autant plus qu'ils se déroulaient dans une zone plus éloignée de sa sphère d'action. Toutes ces constatations semblent être renforcées aussi par le fait que la flotte pannonienne, elle non plus, ne contribuait pas à assurer les navires de ravitaillement mentionnés dans l'inscription en discussion.

En revenant à l'idée de l'immense zone d'action que était confiée à la flotte mésique, il est nécessaire de nous arrêter aussi sur la coopération qui eût existée entre les unités navales, fluviales ou maritimes et les troupes terrestres. Dans cet ordre d'idées, il nous semble naturel de penser qu'un contrôle efficace exercé par la *classis Flavia Moesica* sur la zone dont elle était responsable, ne pouvait pas être réalisé sans la cooperation avec les unités militaires de *limes* danubien et des côtes du nord et de l'ouest de la Mer Noire. Dans le cadre de cette cooperation, les deux éléments militaires avaient des missions spécifiques: la flotte devait assurer la surveillance de la ligne du Danube et du littoral maritime, mais aussi le transport des troupes et des matériaux de guerre, tandis que les troupes terrestres avaient la mission de défendre effectivement les frontières. Certes, toutes ces constatations représentent des choses connues depuis longtemps et elles sont, en dernière instance, en pleine concordance avec les informations historiques, épigraphiques et archéologiques. Mais notre intention est d'essayer, dans la mesure de la documentation dont nous disposons, d'approfondir l'un des aspects abordés ci-dessus, notamment celui concernant l'implication directe des unités terrestres dans les actions déroulées par la flotte, aussi bien que l'intégration des escadres fluviales et maritimes dans le système militaire général du *limes* danubien.

Des découvertes récentes, des régions danubiennes et rhénanes jettent une nouvelle lumière sur ces problèmes, ce qui rend nécessaire la reprise des informations acquises jusqu'à présent. Au cours des recherches de Novae furent découvertes plusieurs briques portant l'estampille *legio Italica*. Sur toutes ces briques, l'estampille est représentée

---

69. Il est difficile à accepter l'opinion de R. Saxer, *o.c.*, p.38-39, selon laquelle les détachements navales dirigés par Maximianus étaient composés des soldats des flottes respectives, du moment que du texte de l'inscription citée résulte qu'il s'agit des unités militaires navales, détachées peut être pour assurer la sécurité du convoi. D'ailleurs, sur les rives du fleuve, les navires de transport étaient défendus par les équites Afrorum et Maurorum. D'ailleurs H.G. Pflaum, *Libyca*, 3, 1955, p.142, accepte le fait que les embarcations qui composaient ce convoi étaient escortées sur la rive nord du Danube par la cavalerie légère africaine et maure.

par la silhouette d'un navire de guerre, probablement une *liburne*.[70] Partant d'une opinion antérieure,[71] on considéra que ces estampilles indiquent l'existence des navires appartenant à la légion respective, ce qui justifierait la postulation des *navalia legionis* à Novae.[72] D'ailleurs, le fait que les vexillations de la légion I Italica, cantonnées au nord de la Mer Noire,[73] sont accompagnées par les unités de la flotte,[74] dessinent plus clairement l'image de la cooperation entre les troupes terrestres et navales. Comme on a déjà souligné, on peut constater la même situation dans le cas de la XIe légion Claudia de Durostorum.

En insistant sur les difficultés de l'établissement avec plus de précision du degré de subordination des unités navales envers les légions établies sur le Danube, nous sommes enclins à croire que ces unités eussent appartenu pourtant à la flotte mésique; elles furent seulement détachées auprès des légions.[75] Même si cette interprétation est encore susceptible de certaines changements, il faut accepter la conclusion selon laquelle auprès des sièges des légions de la zone du Bas Danube eussent existé de puissantes bases navales, où stationnaient des escadres de la flotte mésique, ou peut-être seulement les supposées unités navales des légions. Tout ceci est de nature à compléter le tableau des actions de surveillance et de contrôle exercées par la *classis Flavia Moesica*.

Nous ne pouvons pas conclure ces considérations concernant la flotte mésique sans préciser comment se reflète dans les sources le moment de sa disparition. Les données sont peu nombreuses. Nous savons seulement que la dernière mention épigraphique appartient à l'époque de Gordien (SE, 9), lorsqu'on lui ajoute aussi le titre de *Gordiana*. Mais nous pensons que l'appelation la *classis Flavia Moesica Gordiana* eût été totalement éphémère, elle reflétant, dans le meilleur cas, une éventuelle réorganisation imposée par les dangers toujours plus grands qui se profilaient au nord du Danube. De toute façon, les grandes invasions du milieu du IIIe siècle ap.J.C. affectèrent profondément les unités navales de cette flotte, laquelle, comme il était naturel, ne pouvait plus tenir tête aux nouveaux événements. On peut aussi appliquer cette constatation à la

---

70. T. Sarnowski, J. Trynkowskii, *o.c.*, p.539 et les suivantes.
71. C.G. Starr, *o.c.*, p.138, montre que l'inscription de Naissus (*SE*, 19), rappelant un epibates, L. Cassius Candidus, démontrerait que la VIIe légion Claudia, dont faisait partie aussi le personnage respectif, eût disposé de ses propres vaisseaux pour l'approvisionnement et le contrôle.
72. T. Sarnowski, J. Trynkowskii, *o.c.*, *l.c.*
73. L'opinion de D. Tudor est intéressante, *o.c.*, p.64, selon laquelle ce tribunus legionis I Italicae, Flavius Sergianus Sosibus, de l'inscription de Chersonèse (*SE*, 12), eût commandé dans la période respective (l'an 185 apr.J.C.) toutes les troupes terrestres et les navires des côtes de la Crimée.
74. T. Sarnowski, J. Trynkowskii, *o.c.*, p.540, entrevoient même la possibilité de l'existence des unités dans une *classis Herc*(...) hypothétique. En réalité, on force trop le texte d'une inscription fragmentaire de Chersonèse, complétée par l'éditeur, E.J. Solomonik, *Pamiitniki*, nr.190, ainsi: ... Val]/[e]ria[nus]/... le [g(ionis)]/ I Ital(icae) et(?)/ cl. Herc(uli)/ posuit. G.Alfoldy, Gnomon, 1984, p.785, donne une nouvelle forme à ce texte: *vex(illatio) (?) l[eg(ionum)]/ I Ital(icae) et/ II Herc(uliae)/ posuit*. On peut observer que la nouvelle restitution est plus proche de la réalité, éliminant cette supposée *classis Herculi* (!), d'autant moins à considérer qu'elle n'est mentionnée nulle part dans les sources et ne pouvait donc non plus avoir un tel nom.
75. En tout cas, la situation des IIe-IIIe siècles ap.J.C., au Bas Danube est complétement différente de celle des siècles suivants lorsque, aussi bien en Noricum et en Pannonie (*NDOr.*, 33, 26; 33, 40-41), qu'en Scythie (*NDOr.*, 39, 35), les unités navales sont mises sous la commande des praefecti legionum ou des praefecti ripae legionum.

flotte qui stationnait au nord de la Mer Noire. La dernière inscription de Tyras, mentionnant un marin de la flotte, date de l'an 214 ap.J.C. (SE, 18).[76] C'est dans la deuxième moitié du IIIe siècle qu'il faut placer le moment, sinon de disparition de la flotte mésique (chose qui paraîtrait pourtant difficilement à concevoir), du moins de diminution considérable de ses attributions effectives, diminution conditionnée par les réalités d'ordre militaire et politique de la région.

C'est seulement à la fin du IIIe siècle ap.J.C. et au début du siècle suivant se produit la réorganisation de la flotte danubienne, cette fois dans une formule mieux adaptée aux conditions créées après les grandes invasions *gotho-carpiques*.

2. *Classis aux IVe–VIe siècles ap.J.C.*

A partir de la fin du IIIe siècle et durant les premières décennies du IVe siècle ap.J.C., l'armée romaine avait subi, au début lentement, pendant les empereurs tétrarques, ensuite, à l'époque de Constantin, d'une façon plus rapide un processus de transformation, qui affecta l'ancienne structure de l'époque du Principat et imposa une autre, ce qui détermina, en liaison directe aussi avec les réformes administratives, des modifications majeures en ce qui concerne les dispositions tactiques, d'utilisation des nouvelles unités, les aménagements du territoire pour la défense. Dans le cadre de ces réformes, dont le réalisateur reste Constantin,[77] l'escadre romaine du Bas Danube ne pouvait pas être exceptée, car on lui réserva le même rôle important sur la ligne du Danube, comme force navale de recouvrement du système défensif terrestre.

Comme on affirma maintes fois, Dioclétien garda une grande dose de conservatisme quant à l'organisation militaire, ses réformes se réduisant, en fait, à sanctionner en pratique, de nouvelles structures parues et imposées déjà par l'évolution de l'organisme militaire de la deuxième moitié du IIIe siècle ap.J.C.[78]

Entre les années 286 et 293 ap.J.C., à la suite de la division de la province Mésie Inférieure, celle-là réduite beaucoup vers l'ouest par la création de la Dacie Ripensis,[79] apparaissent les deux nouveaux duchés, la Mésie Seconde et la Scythie, intégrées à

---

76. On n'est pas d'accord avec l'intérprétation proposée par E.I. Solomonik, *o.c.*, p.227, selon laquelle l'inscription mentionnant C.Valerius Valens, *miles classis Flaviae Moesicae*, appartiendrait au IVe siècle ap.J.C. en prolongeant ainsi l'existence de la flotte mésique au Nord de la Mer Noire jusqu'au siècle respectif. Les arguments utilisés pour démontrer, seulement d'après des critères paléographiques, une datation si tardive de l'inscription sont totalement caducs. Ainsi, pour montrer que la forme des lettres de l'inscription est caractéristique au IVe siècle ap.J.C., on cite une inscription de Dacie, publiée par I.I.Russu, *MCA*, VI, 1959, p.884, nr.22, où, comme il était naturel, il ne s'agit point du IVe siècle ap.J.C., mais, dans un quelconque contexte, de la 4ème ligne de l'inscription. Il ne pourrait s'agir, en aucun cas, d'un prolongement de la période d'activité de la *Classis Flavia Moesica*, au nord de la Mer Noire, jusqu'au IVe siècle ap.J.C.
77. D. van Berchem, L'armée de Dioclétien et la réforme constantinienne, Paris, 1952, passim: W. Seston, *Scripta Varia. Mélanges d'histoire romain de droit, d'épigraphie et d'histoire du Christianisme*, Ecole Française de Rome, 1980, p.494-495; pour les régions du Bas Danube, voir I.Barnea, *DID* II, p.381-382; M.Zahariade, *Moesia Secunda, Scythia si Notitia Dignitatum*, Bucarest, 1988, p.73-77.
78. W. Seston, *Dioclétien et la Tétrarchie*, Paris, 1946, p.132, 299-300, 303; A.H.M.Jones, *LRE*, I, p.54, 57-58; D.Hoffmann, *Das Spatromische Bewegungsheer und die Notitia Dignitatum*, Dusseldorf, 1969, *Epigraphische Studien*, 7/1, 2, p.227-232; M.Zahariade, *o.c.*, p.68-73.
79. H. Vetters, *Dacia Ripensis*, Vienne, 1950.

la diocèse Thrace, ayant chacune son armée de frontière propre, gravitant autour de deux légions, la *I Italica* et la *XI Claudia*, dans le premier duché et la *I Iovia* et la *II Herculia* dans le deuxième.[80] De façon similaire, il est à supposer que l'ancien grand contingent naval qui formait la *classis Flavia Moesica* divisée en trois parties, lors de l'apparition de la Dacie Ripensis en 274/275 ap.J.C., subit une nouvelle division au moment de la création de la province de Scythie.

A chacune des quatre provinces qui existaient alors au long du Bas Danube, la Mésie Première, la Dacie Ripensis, la Mésie Seconde et la Scythie, on put donc attribuer des escadres résultées de l'ancienne grande unité navale de l'époque du Principat et qui formaient, individuellement, les forces navales du district respectif. La documentation dont nous avons disposé jusqu'à présent nous offre des détails sur la structure, la dislocation ou même l'activité de l'escadre du Danube à l'époque des deux Tétrarchies (284–311 ap.J.C.).

Un autre problème soulevé par les éventuelles modifications dans l'organique ou la dislocation de la flotte, à la fin du IIIe siècle ap.J.C. et le début du siècle suivant, se rapporte aux anciennes bases navales qui furent peut-être maintenues ou l'on aménagea d'autres. Compte-tenu du conservatisme qui caractérisa les réformes militaires dioclétiennes, la situation géomorphologique et de nature tactique restées telles quelles, par rapport à la période antérieure, on suppose que les principales bases de la flotte furent maintenues, ce qui est aussi suggéré par des sources. Une information donnée par Acta SS[81] montre qu'en 293 ap.J.C. le fort de *Halmyris*, avec son installation portuaire, continuait son activité comme base de la flotte scythique du Danube maritime. La mention d'un *portus* et d'une *navicula* suggère que l'ancienne *statio* de flotte des IIe–IIIe siècles ap.J.C., confirmée par la série d'inscriptions rappelant un *vicus classicorum*, fut maintenue entre les points militaires navals de la flotte de la Scythie, au moins pendant la IVe siècle ap.J.C.[82]

Dans la lumière de l'affirmation de Zosime, se rapportant aux événements de 386, dont il sera question ci-dessous, il paraît aussi que Noviodunum se fût maintenu, tout au long du IVe siècle ap.J.C., comme base principale de la flotte. Une information offerte par Theophanes Confesseur montre qu'au VIe siècle ap.J.C., Novae ou la zone adjacente était un endroit de concentration des forces navales romaines.

Mais la Notitia Dignitatum reste le document d'importance majeure pour la connaissance de l'organisation et de la dislocation de la flotte romaine aux IVe–Ve siècles ap.J.C., dans les quatre provinces du Bas Danube, offrant bien des détails sur ces aspects, selon le tableau suivant:

Mésie Première
Praefectus classis Histricae – Viminacio (NDOr., 41, 38)
Praefectus classis Stradensis et Germensis – Margo (NDOr., 41, 39)
Dacie Ripensis

---

80. M. Zahariade, *o.c.*, p.55-68.
81. Acta SS, vol.II, juillet, p.544-545, 547.
82. Al. Suceveanu, M. Zahariade, *Dacia*, N.S., 30, 1986, p.109-120.

Praefectus classis Histricae – Aegetae (NDOr., 42, 42)
Praefectus classis Ratiarensis (NDOr., 42, 43)
Mésie Seconde
Milites tertii nauclarii – Appiaria (NDOr., 40, 22)
Milites nauclarii Altinenses – Altino (NDOr., 40, 28)
Praefectus navium amnicarum et militum ibidem deputatorum (NDOr., 40,36)
Scythie
Milites nauclarii – Flaviana (NDOr., 39, 20)
Milites superventores – Axiopolis (NDOr., 39, 21)
Praefectus legionis primae Ioviae cohortis ... et secundae Herculiae musculorum Scythicorum et classis – Inplateypegiis (NDOr., 39, 35)

Mais il faut remarquer dès le début, une différence sensible entre les passages se référant à la flotte des sections pour la Mésie Première et la Dacie Ripensis, d'une part et la Mésie Seconde et la Scythie d'autre part. Tandis que dans les deux premières provinces apparaît la dénomination expresse *classis* pour la force navale, dans les deux dernières la présence de la flotte est suggérée par les éphithètes portés par les unités de *milites*, par d'autres mots, par le personnel militaire ou administratif qui desservait la flotte.

En Scythie, le terme *classis* est mentionné dans un contexte que nous allons analyser ci-dessous. On a remarqué aussi que pour les diverses escadres la commande apparaît désignée de façon différente. Tandis qu'en Mésie Première et en Dacie Ripensis la commande des escadres appartient aux *praefecti*, signalés directement, en Mésie Seconde et en Scythie ils sont, une fois, impliqués dans le maintien des unités de *milites* à caractère naval et une autre fois, expressément, à la fin de la liste de ces derniers. En fin, la troisième observation, valable pour toutes les quatres provinces est que les *praefecti* de flotte sont mentionnés invariablement à la fin de la liste de légions, ce qui suggère leur subordination à ces grandes unités. D'ailleurs, de dix localités mentionnées comme bases dans les quatre provinces, cinq sont aussi les sièges de légions.[83]

Les différences, parfois considérables, entre les passages se référant à la flotte dans les sections des deux groupes de provinces sont dues aux phases différentes et successives de réorganisation, entreprises par Constantin I au Bas Danube. Si pour la Mésie Première et la Dacie Ripensis le nouveau schéma défensif, unitaire du point de vue d'organisation, est entré en fonction avant 324 ap.J.C., celui de Mésie Seconde et de Scythie, aussi unitaire en forme et en structure, fut créé après cette date, lorsque les deux duchés se trouvent sous la domination de Constantin I, après la victoire contre Licinius.[84]

Il est plus difficile à expliquer les différences notables dans la nominalisation des

---

83. Viminacium, siège principal pour *legio VII Claudia* (*NDOr.*, 41, 3); Aegeta, siège secondaire pour *legio XIII Gemina* (*NDOr.*, 42, 34); Ratiaria, siège principal pour la même légion (*NDOr.*, 42, 38); Transmarisca, siège secondaire pour *legio XI Claudia* (NDOr., 40, 34-35) et Axiopolis, aussi entre secondaire pour *legio II Herculis* (NDOr., 39, 30).
84. I. Barnea, O. Iliescu, *Constantin cel Mare*, Bucarest, 1986, p.39-44.

unités navales de Mésie Première et de Dacie Ripensis, par rapport à celles de Mésie Seconde et de Scythie, mais il est possible que cette modalité représente aussi le résultat des phases successives de reorganisation. *Praefecti* de la fin des listes de troupes des deux dernières provinces pourraient être le résultat de l'application du même schéma constantinien à un autre plus ancien, tétrarchique, celui-ci réorganisé après 324 ap.J.C.

Classis Histrica de Mésie Première et de Dacie Ripensis peut être le résultat de la division d'une grande-escadre de l'ancienne *classis Flavia Moesica* et de son attribution à ces deux provinces. En fait, dès sa création, la Dacie Ripensis dut bénéficier d'un détachement de la flotte, mis sous l'autorité des deux légions, ou même d'une seule.

L'organisation de la flotte à l'époque d'Aurélien ne semble pas avoir été modifiée sous la tétrarchie non plus, et Constantin I l'eut maintenue dans ses lignes générales. L'escadre de l'ancienne *classis Flavia Moesica*, fonctionnant sur le Danube sur le secteur entre les bouches de l'Olt et la frontière de l'ouest de la Mésie Supériure/Première, fut divisée et distribuée, à l'époque d'Aurélien, aux deux provinces, les sièges de la flotte pour l'époque respective restant, pour le moment, inconnus. Il est à supposer seulement que *Singidunum*, *Viminacium*, *Ratiaria* purent abriter des détachements de flotte, ce qui apparait, plus tard, dans la *Notitia Dignitatum*. Comme nous venons de le montrer, le schéma tétrarchique de disposition de la flotte reste inconnu, mais il doit avoir gardé encore quelque chose des traditions auréliennes et demeuré à la base de l'organisation constantinienne. Dans le tableau présenté par la *Notitia*, les détachements de la flotte *classis Histrica*, le souvenir de l'ancienne *classis Flavia Moesica*, se trouvent dans deux lieux où se trouvaient des détachements de légions: *Viminacium*, la base principal pour *legio VII Claudia*[85] et *Aegeta*, l'une des bases secondaires de la XIIIe légion Gemina;[86] en ce qui concerne la mention de cette dernière localité, il est possible que la redistribution constantinienne des effectifs en soit responsable. Ratiaria, comme siège principal de la XIIIe légion Gemina,[87] disposait d'une escadre propre qui patrouillait tout au long du Danube, jusqu'à la frontière avec la Mésie Seconde, désignée par un attribut locatif, suppléant ainsi peut-être une base de flotte à *Oescus*, le siège de la Ve légion Macedonica,[88] que le document cité ne mentionne pas lui non plus, mais peut-être impropre à des aménagements portuaires importants.[89] La flotte qui avait sa base à *Margum* semble une création constantinienne.[90]

En nous rapportant aux autres deux provinces, la Mésie Seconde et la Scythie, il faut remarquer la présence des unités navales désignées comme *milites nauclarii*. Apparemment, l'adjectif numéral *tertii* de l'unité d'*Appiaria* supposerait les adjectifs numéraux *primi* et *secundi*, pour les unités d'*Altinum* et de *Flaviana*. Mais ils ne furent plus accordés parce que la première reçut un attribut locatif, *Altinenses*, et l'autre était par conséquent facilement reconnaissable. Les trois unités, deux en Mésie Seconde

---

85. Voir la note 83.
86. *Ibidem.*
87. *Ibidem.*
88. *NDOr.*, 41.
89. T. Ivanov, *Frontières romains*, p.59-60.
90. *Classis Stradensis* pourrait se rapporter, éventuellement, aux activités d'entretien des routes de la zone du limes, le terme Germensis restant, pour le moment, difficile à expliquer.

et l'autre en Scythie, purent faire partie d'un grand détachement naval de *classis Flavia Moesica*, divisé et distribué aux deux provinces peut-être à l'époque tétrarchique, situation crée par les réformes constantiniennes. *Nauclarii = navicularii*, suggérerait l'utilisation dans cés détachements des navires de moindres dimensions, *naviculae*, semblables à ceux mentionnés dans le passage cité de Acta SS à Halmyris.[91]

L'unité d'*Axiopolis* pourrait avoir aussi, des liaisons avec le domaine naval, selon la supposition de Ed. Böcking[92] et l'affirmation de Vegetius, dans le texte duquel le nom *superventus* signifiait attaque par suprise, employé dans le contexte de la présentation des forces navales.[93] Le fait qu'à *Axiopolis* put exister une base navale dans la période du Principat,[94] sugérerait davantage le caractère d'unité navale de ce détachement, ou éventuellement d'unité mixte, d'intervention rapide et d'attaque par surprise, agissant autant sur terre que sur l'eau.

En Mésie Seconde est mentionné un *praefectus navium amnicarum*, escadre desservie par des *milites deputati.* Une hypothèse récente[95] suggère que l'expression *praefectus navium amnicarum et militum ibidem deputatorum*, cité par le document, témoignerait de la présence d'un contingent naval à *Durostorum*, parce que ce préfet est mentionné après *pedatura inferior* de la XIe légion Claudia, stationné dans la même localité.

Militum ibidem deputatorum ne peut se rapporter à autre chose, selon l'opinion de l'auteur de la discussion précédente,[96] qu'aux soldats détachés dans cet endroit, donc à Transmarisca, non pas à Durostorum. *Naves amnicae* étaient des navires spéciaux pour la navigation sur le fleuve; à leur aide on transportait des matériaux divers, l'annone militaire, on effectuait l'approvisionnement de tous les fortresses en aliments et en produits militares.

A la fin de la section pour la Scythie de la *Notitia Dignitatum*, no.35, apparait une difficulté concernant la mention des contingents navales. A notre avis, ce passage ne peut être compris autrement que par rapport à l'existence de la flotte de ce dernier secteur du fleuve. Ainsi, le préfet mentionné, qui aurait apparement le commandement de la fraction des deux légions, ne peut être qu'un préfet de la flotte de tout le *limes* scythique, flotte subordonnée à tous les deux commandements de légions.

Ce *praefectus*, qui accomplit en apparence un double commandement, n'a pas de pouvoir sur les unités terrestres; c'est ce qui résulte d'ailleurs de ce que le document épuise, dans les paragraphes antérieurs, la série des commandements de *pedaturae* des deux légions.

Or, il est difficile à accepter encore une mention d'une commande, sur une si immense *ripa*, du sud de Troesmis à l'est de Noviodunum. D'autre part, la mention même des unités navales impose la présence d'un *praefectus*. Il est possible que l'implication de la IIe légion Herculia dans le cadre de ce passage témoigne justement de la compétence sur une partie de la flotte. A notre avis, ce n'est pas le contingent

---

91. Voir la note 81.
92. Ed. Böcking, *Notitia Dignitatum administrationum omnium tam civilium quam militarium in partibus Orientis et Occidentis*, Bonn, 1839, 1853, p.446, note 18.93. Vegetius, 5, 7.
94. A. Aricescu, *o.c*, p.71.
95. C. Chiriac, *SCIVA*, 35, 1984, 4, p.301-310.
96. *Ibidem*, p.302.

de la zone du Delta, mais celui du front de l'ouest de la province, d'*Axioplis* et de *Flaviana*. L'escadre qui agissait à l'est de *Noviodunum* était subordonnée, du point de vue territorial-administratif, à la préfecture de *Novidunum*. Ainsi la précision des deux légions dans le texte montre la subordination de la flotte scythique envers les deux grandes unités terrestres. D'autre part, ce *praefectus ripae* aurait pu avoir de la compétence sur tout ce qui tenait de l'activité de la flotte sur le Danube "scythique": les ports, l'approvisionnement, la situation des effectifs. Le *praefectus ripae* mentionné au no. 35, pourrait représenter donc un *praefectus classis* pour toute la province, étant données les tâches spéciales d'ordre naval de ce duché. Les *musculi*, mentionnés comme type d'embarcation pour la Scythie, représentaient de petits navires, rapides, pareils à ce *musculus curtum navigium* auquel se référait Isidor.[97]

Un autre problème soulevé par le passage no. 35 de la section "scythique" de la *Notitia Dignitatum* se rapporte à l'expression bien disputée, *et classis Inplateypegiis*, mention qui fit l'object des analyses minutieuses.[98] La *plateypegia*, désigne, conformément aux papyrus égyptiens, des navires à fond plat, caractéristiques à la navigation du Delta du Nil et donc utilisables pour le Delta du Danube.[99] La plupart des exégètes du texte respectif furent d'accord qu'une escadre composée de tels navires aurait pu donc exister dans le Delta. Mais ce qui s'avère plus difficilement à expliquer c'est la préposition *in* placée devant le nom *plateypegiis*, dont la lecture erronée donna la forme abérrante du nom de la localité, *Inplateypegiis*. Or il y a de nombreux cas dans le texte de la *Notitia* où apparaissent des prépositions devant les noms des localités, tel par exemple la *classis Sambrica*, se trouvant sous le commandement d'un *praefectus, in loco Quartensi sive Hornensi*.[100] Il paraît donc très probable que *Plateypegiis* représente un toponyme, précédé par la préposition *in*, toponyme qui a sans doute son origine dans le nom de ce type de navire mentionné ci-dessus. Dans ce contexte nous pensons que tout le passage no. 35 doit être lu: *praefectus ripae legionis primae Ioviae et secundae Herculiae et musculorum Scythicorum [et] classis in [loco] Plateypegiis*. Le substantif *cohors* ne trouve pas sa place dans ce passage et il doit être éliminé du texte; c'est probablement la faute du rédacteur ou l'intervention du copiste.

Il y avait donc en Scythie quatre catégories d'unités navales: les *milites nauclarii*, à *Flaviana*, les *militas superventores* à *Axiopolis*; dans la zone du Delta: les *musculi Scythici* et la *classis* à *Plateypegiis*.[101] Le tableau du deployement des forces navales en Scythie se révèle ainsi en plein consensus avec les nécessités tactiques résultées de la situation extérieure. D'autre part, l'implantation des effectifs navals de Mésie Seconde reflète la présence de la flotte dans les points vitaux de la province en fonction de la situation

---

97. Isidor, *Or.*, 19, 1, 14; G.Gigli, *Atti della Academia Nazionale dei Lincei, Rome, Memorie classe di scienze morali, storiche e filologiche*, 8, 1946, 1, p.7-8.
98. D.M. Pippidi, *St.cl.*, 7, 1965, p.330-332; A. Aricescu, *o.c.*, p.120-121; idem, *St.cl.*, 17, 1977, p.161-165; C. Chiriac, *o.c.*, p.303-306.
99. R. Rémondon, *Revue Philologique*, 38, 1954, p.199-210.
100. *NDOcc.*, 38, 8. Un commentaire sur ces localités voir chez St. Johnson, *The Roman Forts of the Saxon Shore*, London, 1976, p.90-91.
101. La récente interprétation de D. Mitova-Dzonova, *Stationen und Stutzpunkte der romischen Kriegs - und Handelsflotte am Unterdonaulimes, Limeskongress Aalen*, p.504, selon laquelle Inplateypegiis signifierait "canaux d'eau" et que les *musculi Scythici* y stationnaient, est complètement sans fondements.

géomorphologique des deux rives. Les bouches de l'Arges étaient surveillées par l'unité de *Transmarisca*, tandis que la zone entre les marais de Ialomita, qui formaient le *limes* du nord de la Mésie Seconde et jusqu'à la frontière avec la Scythie, revenait à la formation de *milites nauclarii*. Dans la Dacie Ripensis, les escadres d'*Aegeta* et de *Ratiaria* patrouillaient tout au long de la rive du nord du Danube dominée, entre le coude de Calafat et les bouches du Jiu, par de larges marais et par une plaine marécageuse. Enfin, en Mésie Première, les deux bases de *Viminacium* et *Margum*, avaient pour les missions de surveiller et d'intervenir dans la plaine du Banat, dans l'éventualité d'une attaque sarmate.

En ce qui concerne la présence de la marine dans la Mer Noire, pendant les IVe–VIe siècles ap.J.C., elle est bien probable qu'on ne possède aucune information au ce sujet. Dans les villes du littoral des provinces, la Mésie Seconde et la Scythie eurent peut-être gardé les anciennes installations portuaires, quelques-unes probablement refaites. De toute façon, cet evident manque d'informations sur la présence de la marine dans la Mer Noire suggère une diminution sensible des anciennes attributions, accomplies pendant les Ier–IIIe siècles ap.J.C. par la *classis Flavia Moesica*.

Structure de la Flotte

1. Classis Ravennatis et classis Flavia Moesica

Dans le cadre des réformes militaires entreprises par Auguste, l'organisation d'une flotte militaire permanente eut une importance fondamentale. La création de cette force navale dans la Mer Méditerranée, devant assurer les côtes maritimes intérieures de l'Empire, impliqua l'apparition et la cristallisation d'une conception à l'échelle tricontinentale concernant les missions de la marine impériale.[1]

La mise en pratique de cette conception navale partit de la réalité conformément à laquelle tout le basin méditerranéen, divisé par la péninsule italique,[2] était difficilement contrôlé par une base unique. La création des deux flottes impériales, l'une qui devait contrôler la Méditerranée occidentale, *classis Praetoria Misenatis* et l'autre, la Méditerranée orientale, *classis Praetoria Ravennatis*,[3] répondait-elle mieux à la situation géographique aussi bien qu'aux exigences de nature stratégique.

Les *Classes* étaient considérées partie intégrante des forces armées. Tacite commence même, de façon générale, l'énumération des forces militaires de l'Empire, par les deux flottes prétoriennes de Misène et de Ravenne.[4] Suétone mentionne l'opération de la création *ab initio* des deux flottes à l'époque d'Auguste: *classem Miseni et alteram Ravennae ad tutelam Superi et Inferi maris conlocavit.*[5] Végèce souligne que les deux

---

1. Voir, par exemple, Végèce, *Epit.*, II, 1-15, cf., Ch. Courtois, *Revue Historique*, 186, 1939, p. 17-47, 225-259.
2. Tacite, *Ann.*, IV, 5: *Italiam utraque mari* [...]
3. *Ibidem: duae Classes, Misenum apud et Revennam*; Vegèce, *Epit.*, V, 1, offre un tableau plus détaillé, en precisant les zones d'action de chaque flotte. Sur *classis Misenatis* voir R. Garruci, *Classis praetoriae Misenensi Piae Vindicis Gordianae Philippianae monumenta quae extant studio collecta et commentariis illustrata*, Neapoli, 1852; V. Chapot, *La flotte de Misène,* Paris, 1896; C.G. Starr, *Navy*², p. 24-26; D. Kienast, *Untersuchungen*, p.48 et suivantes. Pour *Classis Ravennatis* voir: G. Iacopi, *Rendiconti dell'Accademia Nazionale dei Lincei. Classe di Scienze Morali*, 8, 1957, 6, p. 532-556; G. Susini, *La communità di classe a l'amministrazione romana di Ravenna*, Felix Ravenna, 80, 1060, p. 100-105; C.G. Starr, *o.c.*, p. 21-24; D. Kienast, *o.c.*, p. 66-75. Une dernière synthèse sur les deux flottes prétoriennes voir à M. Bollini, *Antichità, passim.*
4. Tacite, *Ann.*, IV, 5.
5. Suétone, *Octavianus*, 49.

flottes avaient des aires d'action bien précisées, dans le cadre desquelles, la zone de la Méditerannée orientale revenait à la flotte de Ravenne: *classis autem Ravennatium Epiros, Macedoniam, Achaiam, Propontidem, Pontum, Orientum, Cretam, Cyprum petere directa navigatione consueverat: quis in rebus bellicis celeritas solet prodesse, quam virus.*[6] Autrement dit, le Pont Euxin, transformé déjà à la fin du premier siècle ap.J.C. en lac romain,[7] se trouvait, du point de vue de la navigation militaire, dans la compétence du commandement de Ravenne.

L'information de Végèce semble concerner une période précoce, lorsque les flottes n'avaient pas été créées ou bien étaient en train d'être constituées. Dans certains cas – nous ne savons pas si c'était la règle ou l'on procédait de la sorte seulement en situations spéciales – la flotte ravennate deployait des vexillations dans diverses régions se trouvant dans sa sphère de compétence. D'ailleurs, la *directa navigatione* pour la flotte ravennate au Pont Euxin a des confirmations épigraphiques.

Une série – restreinte, il est vrai – d'estampilles tégulaires découvertes à Charax, atteste la présence d'une pareille vexillation de la flotte de Ravenne dans ce point.[8] V.D. Blavatski considère que ces estampilles (VEXCRAVSP) appartiennent à l'époque de Néron.[9] M. Rostovtzeff pensait aussi que dans une haute période, comme celle de la date des estampilles tégulaires en question, la force navale romaine du nord de la Mer Noire était assurée par une vexillation de la flotte de Ravenne.[10] Il est important de souligner que les recherches archéologiques ont établi que la première partie des thèrmes de Charax, où l'on a découvert de tuiles, fut construite dans la première moitié du Ier siècle ap.J.C., ces dernières présentent une évidente unité typologique.[11]

Une autre information d'une importance particulière nous est offerte par quelques fragments de découverts à Noviodunum, portant l'estampille PCRΣ, parmi lesquelles il y en avait une rétrograde (Fig. 3).[12] Selon l'opinion du découvreur, l'estampille devrait être lue *P(raefectura) c(lassis) r(ipae)*, lecture complétée par Em. Dorutiu-Boila par l'explication de la dernière lettre gravée sur l'estampille, interprétée comme Σ(cythicae). La datation proposée pour ces pièces est la période des IIIe–IVe siècles ap.J.C., après la réorganisation administrative et militaire entreprise par Dioclétien lors de la création

---

6. Végèce, *Epit.*, V, 1. L'opinion de C.G. Starr, *o.c.*, p.25, selon laquelle l'information de Végèce concernant les zones d'action des deux flottes prétoriennes est infirmée par les inscriptions et que pour la Mer Egée et la Propontide la flotte de Misène avait agi auprès de celle ravennate, est, en principe, acceptable. Il faut remarquer que la présence des vexillations miséniennes dans la Mer Noire, ou bien une subordination de l'activité navale de cette zone au centre de Misène, n'est pas encore soutenue par quelque document épigraphique ou littéraire.
7. La politique de Néron avait déjà réussi d'accomplir en grande partie, ou même entièrement, ce désidératum stratégique, voir: V. Chapot, *La frontière du Nord de la Galatie et les Koïna du Pont, Anatolian Studies to Sir W.M. Ramsay*, Manchester, 1923, p. 95-96; W. Schur, *Die Orientpolitik des Kaisers Nero, Klio*, 15, Leipzig, 1923, p. 94-105; D.M. Pippidi, *Contributii*[2], p. 327-328; P. Petit, *Histoire générale de l'Empire Romain*, Paris, 1974, p. 100.
8. *CIL*, 14215[5], Les trois exemplaires furent mis en discussion par M. Rostovtzeff: *Klio*, 2, 1902, p. 93-94 et plus récemment par V.D. Blavatskii, *MIA*, 19, 1951, p. 254-159.
9. V.D. Blavatskii, *o.c.*, p.259.
10. M. Rostovtzeff, *o.c.*, p.82.
11. V.D. Blavatskii, *o.c.*, p.287.
12. *ISM*, V, 285.

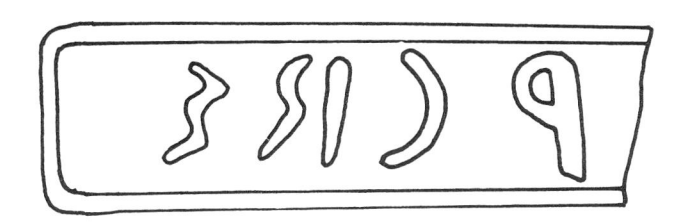

Fig. 3 Estampille tégulaire de Noviodunum à l'inscription PCR Σ

de la province de Scythie. L'étude des originaux de ces estampilles, mises aimablement à notre disposition par B. Mitrea, nous permet de supposer une autre lécture. Le cartouche à grandes dimensions, les grandes lettres, droites, soigneusement exécutées, nous dirigent vers une période précoce, antérieure à l'époque de Vespasien et au commencement de ses emissions tégulaires. Si l'on accepte que la datation de ces pièces soit précoce, ayant en vue la présence de l'escadre de la flotte ravennate au nord de la Mer Noire, aussi bien que les activités de construction effectuées à certaines fortifications, telle celle de *Charax*, alors la lecture pourrait être *P(edatura) c(lassis) R(avenatis)* et les autres documents devront préciser le sens de la dernière lettre, Σ.

Après la création des deux forces fluviales et maritimes, la *classis Flavia Moesica* et la *classis Pontica*,[13] agissant dans la moitié ouest et sud du bassin pontique, leur subordination directe au commandement de Ravenne aurait pu disparaître, vue la complexité des problèmes militaires spécifiques à la région, ou, de toute façon, se maintenir d'une façon plutôt théorique. De ce dernier point de vue, la présence à Chersonèse du triérarque T. Aurelius Secundinus, originaire de Ravenne nous parait suggestive pour le maintien des relations de commandement entre le centre de Ravenne et la flotte mésique. Mais nous avons raison de nous demander si, outre son origine, Secundinus n'accomplit pas, antérieurement à sa venue à Chersonèse, une activité dans le domaine naval même dans le centre maritime de la côte de l'Adriatique et seulement après il eût été détaché dans la flotte mésique, à Chersonèse. De toute façon, il est pratiquement difficile à évaluer, dans le stade actuel de nos connaissances, le mécanisme de l'exercice de ces éventuelles compétences de la flotte ravennate sur celle mésique. Il est possible que, dans le cadre des relations de commandement, le centre de Ravenne aurait a désigner les préfets de la flotte mésique, de fixer le nombre et le type de navires, d'inspecter la composition des effectifs et l'état des ports. Evidemment, la subordination de la flotte mésique envers l'état-major ravennat, si elle eût continué, s'exprimait seulement par les termes strictement techniques. Toutes les autres activités liées directement de la vie de la province, tels l'établissement des endroits pour les aménagements portuaires et leur entretien, le recrutement des effectifs, l'approvisionnement, les interventions rapides dans les points menacés par quelque danger, les transports de troupes et de matériaux de guerre étaient coordonnés par

---

13. Sur le *classis Pontica*, voir: C.G. Starr, *o.c.*, p. 125-129; D. Kienast, *o.c.*, p. 114-116.

le commandement provincial, et le préfet de la flotte, en collaboration avec les legats des légions ayant reçu de petites escadres navales.[14]

2. Catégories de classes

Le concept de catégories de *classis* se réfère en fait à l'existence de certaines escadres dans la flotte, spécialisées pour effectuer des opérations de logistique, de transport, des missions de reconnaissance et d'intervention. Vue la situation géographique spécifique, par l'existence des deux unités hydrographiques distinctes, le Danube et la Mer Noire, *classis Flavia Moesica* était partagée en deux sections: maritime et fluviale. On a montré depuis longtemps que les navires du type *liburna* étaient destinés d'abord à la navigation maritime, se trouvant aussi bien dans la composition des deux flottes prétoriennes que des autres flottes qui operaient sur la mer.[15] Dans le cadre de la flotte mésique les liburnes sont attestées à Noviodunum,[16] Chersonèse,[17] et Novae,[18] Il faut mentionner aussi le fait que l'existence des ports maritimes, des villes de l'ouest et du nord-ouest du Pont-Euxin, certains attestés archéologiquement ou par documents iconographiques, suggère la présence d'une escadre maritime au niveau de la flotte mésique.

Les informations épigraphiques et iconographiques sont beaucoup plus abondantes en ce qui concerne l'escadre fluviale de *classis Flavia Moesica*. Etant donné la longueur du cours du Danube sur lequel la flotte patrouillait, il semble que l'escadre fluviale eût détenu, normalement, le plus important rôle. L'appellation *Moesica* lui-même, attribué à la flotte, montre clairement que ces activités se déroulaient au long des frontières du nord des deux provinces de mésie.

Outre les liburnes, qui étaient utilisées sur le Danube, d'autres indices importants concernant la composition de l'escadre fluviale de la flotte mésique sont offerts par les noms des deux localités du *limes* danubien, *Sexaginta Prista*[19] et *Ratiaria*.[20] La mention précoce de ces localités peut constituer une preuve de l'existence des flottilles de *pristes* et de *rates* dès le 1er siècle ap.J.C., peut-être comme groupements indépendants. D'autre part, l'activité de plusieurs *naves frumentarie* sur le Danube, mentionnées dans le papyrus Hunt, représente l'indice de l'existence d'un groupement spécialisé dans l'approvisionnement des fortifications des limes. Dans ce sens, il faut encore mentionner que le même document montre qu'un détachement de soldats, avec un centurion en

---

14. Voir aussi C.G. Starr, *o.c.*, p. 106-107, qui montre que pour assurer une intégration parfaite dans l'engrenage administratif et militaire de la province, la flotte mésique se trouvait sous le contrôle direct du gouverneur.
15. Voir toute la discussion dans le chapitre IV, 1.
16. *ISM*, V, 273.
17. E.I. Solomonik, *Pamiatniki*, no.189; *eadem*, *VDI*, 1966, p. 168.
18. T. Sarnowski, J. Trynkowski, *Limeskongress*, Aalen, p. 536-541.
19. Sur *Sexaginta Prista* voir V. Vankov, *Zadruzen Trud*, 1905, p. 556-557; K. Skorpil, *IRAIK*, p. 452-454; G. Seure, *RA*, 1915, 2, p. 165-208; V. Dimova, *AMB*, p. 203-206; V. Velkov, *VDI*, 1961, p. 34-69; V. Dimova, V. Doikov, *INMR*, 1, 1964, p. 13-17.
20. D. Giorgetti, *Analecta geographica et historica Ratiarensia*, I, Bologna, 1980, p. 13-14; I. Atanasona-Georgieva, *Limeskongress*, Aalen, p. 437-440. Il est intéressant de mentionner que sauf les appellations telles quelles dans aucune des deux localités ne fut découvert du material épigraphique qui puisse attester la présence indubitable de la flotte.

lite,[21] fut détaché *ad annonam defendendam*. Pas contre, ce qui reste à précisez c'est la nature des activités dans le domaine militaire accomplies par *nautae universi Danuvii*,[22] marins aux préoccupations commerciales, mais dont l'implication dans les problèmes de la flotte militaire reste encore à prouver.

Si pour la période du Principat les informations concernant les catégories différentes de flotte sont assez pauvres, pour la période suivante la documentation en est un peu plus riche grâce à la sources de grand valeur, tel la *Notitia Dignitatum* aussi bien qu'à l'augmentation des mentions sur la marine dans les sources historiques et juridiques tardives.

La *Notitia* garde un silence complet sur la présence et l'activité d'une force navale maritime. C'est qui a poussé G. Courtois[23] et G. Gigli[24] de l'employer comme argument pour soutenir l'inexistence à cette époque d'une force maritime. Mais selon les remarques de G. Ferrero,[25] V. Chapot,[26] J. Marquardt,[27] O. Fiebeger,[28] et R. Grosse,[29] le silence de *Notitia* ne veut pas temoigner le manque des escadres maritimes provinciales.

Il pourrait s'agir, éventuellement, d'une préférence accordée aux flottilles fluviales, parce que beaucoup de ports et d'aménagements portuaires étaient pratiquement retirés à l'intérieur des provinces, par conséquent, mieux abrités contre les incursions des Barbares.

On peut supposer l'existence d'une escadre maritime dans l'époque tardive, en Scythie, parce que le fonctionnement des ports des villes pontiques et les activités d'approvisionnement et de transport dans la Mer Noire et puis sur le fleuve en amont,[30] aussi bien que le renforcement des fortifications de Chersonèse en 372 ap.J.C.,[31] impliquent théoriquement la présence d'une telle escadre. Pour son existence telle escadre plaide aussi ce groupement de navires appelé *musculi Scythici* mentionnés dans le passage suivant de la *Notitia*: *Praefectus ripae legionis primae Ioviae cohortis ... et secundae Herculiae musculorum Scythicorum et classis Inplateypegiis*.[32] *Cohors* pour *classis* apparaît comme un anachronisme et même si l'on admettait une organisation dioclétienne pour ce genre de flotte, le passag resterait toujours incompréhensible,

---

21. Un *centurio frumentarius*, L. Messius Primus, est mentionné à Almus (*CIL*, III, 6125).
22. *CIL*, III, 7485; cf. A. Aricescu, *Armata*, p. 71, qui suppose que cette association de marins avait également des attributions militaires navales.
23. G. Courtois, *o.c.*, p. 225-259.
24. G. Gigli, *La flotta e la difessa del Basso Impero*, Rendiconti dell'Accademia Nazionale dei Lincei, Memorie, Classe di Scienze Morali, Storiche e Filologiche, 8, 1946, 1.
25. G. Ferrero, *L'ordinamento delle armate romane*, Torino, 1878, p. 507-510.
26. V. Chapot, *o.c.*, p. 174-183.
27. J. Marquardt, *Manuel des Antiquités romaines*, Paris, 1981, p. 232.
28. O. Fiebiger, *RE*, III, 1899, col.2646-2648, *s.v.*, *Classis*.
29. R. Grosse, *Romische Militargeschichte von Gallienus zum Beginn der byzantinischen Themenverfassung*, Berlin, 1920, p. 71-73.
30. Zosime, IV, 10.
31. *IOSPE*, I², 449; cf. D. Kienast, *o.c.*, p. 112. Deux autres inscriptions datées, l'une du temps de Dioclétien ou Constantin (*IOSPE*, I², 656) et l'autre d'Arcade et Honore (IOSPE, I², 655), attestent qu'au IVe siècle ap.J.C. Chersonèse représente un point fort de l'Empire en Crimée avec lequel on ne pouvait garder la liaison que par la mer. Une discussion récente dans ce sens, chez T. Sarnowski, *Wojsko Rzymskie w Mezji Dolnej i na polnocym wybrzezu Morza Czarnego*, Novaensia, 3, Warszaw, 1988, p. 152-153.
32. *NDOr.*, 40, 35.

une cohorte de navires n'a pas de précedent dans le système navale romaine.[33] *Musculi* de Scythie, comme navires maritimes, pourraient représenter donc une escadre ayant comme tâche de garder les entrées à l'embouchures du Danube et de la rive est de la province.

La restitution du passage du *NDOr.*, 39, 35, proposé par O.Höckmann[34] (*classis musculorum Scythicorum*), conduirait à l'idée d'une flotte de *musculi* ayant le siège à *Plateypegiis*, ce qui n'éliminerait de la discussion les ambarcations de type *plateypegia*, dont l'existence a conféré, dans ce cas particulier, le nom de la station de flotte. Certes, de même que les liburnes des Ier–IIIe siècles ap.J.C., vues les larges disponibilités de navigation sur le fleuve, ces *musculi* pouvaient effectuer aussi des pénétrations sur le Danube en amont. Un tel *musculus* aurait pu être impliqué dans l'épisode qui a eu lieu à Halmyris en 293 ap.J.C.[35]

Un groupe d'unités navales est désigné par *milites nauclarii*, représentant les troupes navales qui assuraient la garde de certaines zones du fleuve dans la Mésie Seconde et la Scythie. Le tableau présenté par la *Notitia Dignitatum* dans le domaine naval, pour la province de Scythie, paraît en quelque sorte asymétrique, si l'on tient compte de la répartition topographique des unités navales sur la ligne du Danube. Une seule unité à Flaviana,[36] aux IVe–Ve siècles ap.J.C. s'avère tout à fait insuffisante pour la surveillance d'un *limes* si important, surtout qu'entre cette localité et l'actuel bras Sfîntu Gheorghe il n'y a plus de troupe mentionnée par le document et ayant liaison avec l'activité navale. Cet hiatus aura sans doute son explication en avenir étant donné qu'aucune découverte épigraphique concernant la flotte ne contredit le texte de la *Notitia*. Mais la nature de l'unité d'Axiopolis, les *milites Superventores*[37] pourrait constituer un possible élément de référence pour l'existence, au nord de Flaviana, d'une autre station de flotte.[38]

Un autre groupe de navires dans le cadre des forces navales de la Scythie était représenté par les vaisseaux réunis en flotte, nommée dans la *Notitia Dignitatum* la *classis In[loco]plateypegiis*. Nous venons d'énoncer ci-dessus la possibilité de l'existence d'une flotte distincte de *plateypegia*, des vaisseaux adaptés à la navigation dans les conditions spécifiques du Delta, ayant sa base dans une localité portant le même nom, reçu du type de navires qui y stationnaient.[39]

En Mésie Seconde sont encore mentionnées *naves amnicae* qui représentèrent peut-

---

33. A.Aricescu, *o.c.*, p. 120, admet une pareille unité, composée de navires de type local; voir aussi une discussion chez C. Chiriac, *SCIVA*, 35, 1984, 4, p. 303-306. D'ailleurs bien qu'il y aient des mentions concernant les cohortes navales, elles sont désignées dans ce sens par des termes généraux et non par des déterminatives précises aux navires qui les composaient; voir *CIL*, III, 2224 et C. Cichorius, *RE*, IV, 1900, col.318, *s.v. cohors*.
34. O. Höckmann, *Jahrbuch des Römisch-Germanischen Zentralmuseums*, 33, 1986, p. 412.
35. Acta SS, vol.II, iulie, p. 547, 33.
36. *NDOr.*, 39, 20.
37. *NDOr.*, 39, 21. Sur Axiopolis, voir: Gr. Tocilescu, mss.5131, f.60; P. Polonic, mss. I, 10, 66, f.67; Gr. Tocilescu, *Festschrift zu Otto Hirschfelds Sechzigstem Geburstage*, Berlin, 1903, p. 345-359; J. Weiss, *Dobrudscha im Altertum*, Sarajevo, 1911, p. 44-46; P. Polonic, *Natura*, 24, 1935, 7, p. 20 21.
38. Une discussion plus détaillé dans: M. Zahariade *Moesia Secunda Scythia et Notitia Dignitatum*, Bucuresti, 1988, p. 86.
39. Voir le châpitre II, les notes 98-99.

être un groupe de navires à destination particulière, assurant le transport des matériaux, de l'annone, et l'approvisionnement des fortifications. C'est toujours ce groupe de navires qui servait à la construction des ponts de bateaux sur le fleuve.[40]

Dans un décret de 412 ap.J.C., adressé par Honorus et Thèodose II à Constantius, *magister militum per Thracias*,[41] sont présentées des catégories de navires tout à fait différentes par rapport à ceux mentionnés dans la *Notitia Dignitatum*: *naves lusoriae, naves iudiciariae*, dont la fonction n'est pas assez claire, et *naves agrarienses*.[42] L'ordre de 412 ap.J.C. pour la réparation des vieux navires témoigne qu'ils étaient encore en fonction à la fin du IVe siècle ap.J.C., lorsqu'on rédigea la section orientale de la *Notitia Dignitatum*. Par conséquent, pendant les IVe–VIe siècles ap.J.C., les catégories de *classes* suivantes purent coexister parallèlement: *milites Superventores, naves amnicae, musculi Scythici, plateypegia, naves lusoriae, naves iudiciariae, naves agrarienses. Milites nauclarii* constituaient une catégorie commune de troupes navales, destinées à l'intervention et à la reconnaissance sur le Danube.

3. Unités et sous-unités

Pour la *classis Flavia Moesica*, flotte qui avait comme aire d'action les régions du nord-ouest extrême de l'Empire, le difficultés du principe de la concentration des forces et des moyens étaient, dès le début, évidentes.

Pour les éliminer, le commandement romain opta pour un dispositif naval très élastique, destiné à répondre à bien des problèmes. La longueur considérable du front dont la *classis Flavia Moesica* était responsable, la complexité et la variété des régions où elle operait, rendait difficile la coordination de cette unité d'un centre naval fluvial placé à l'intérieur de la province, tel Noviodunum. C'est pourquoi, le fractionnement en unités et sousunités de la flotte mésique s'imposa comme la plus fiable et la plus pratique solution.

Un aspect important du problème de la dislocation des unités et des sous-unités de la flotte réside dans la présence des détachements de la flotte mésique auprès de légions de Mésie Inférieure. T. Sarnowski et J. Trynkowski ont démontré, sur la base d'un groupe de tuiles portant l'estampille de la Ière légion Italica, découvert à Novae, l'existance d'une unité navale de la *classis Flavia Moesica*.[43] La liaison tactique entre la flotte et la légion semble assez évidente dans la lumière de l'analyse de cette catégorie de matériel épigraphique. L'hypothèse de la présence d'une vexillation de la flotte mésique à Novae, où la porte du nord eût pu servir comme issue vers quelque port, devient, dans ce contexte, très probable.

Un important détachement de la flotte mésique semble avoir appartenu à la Mésie Supérieure. L'inscription de Niš du soldat *Cassius Candidus* de la VIIe légion Claudia, ayant passé dans les effectifs de la flotte, pour devenir *miles classiarius*,[44] aussi bien

---

40. *NDOr.*, 40, 36.
41. *CTh.*, 7, 17, 1.
42. Voir eu détails dans: D. Mitova-Dzonova, *Limeskongress*, Aalen, p. 504-505.
43. Voir la note 18.
44. *CIL*, III, 14567.

que l'existence supposée d'une *navalia legionis* dans l'unité de Viminacium,[45] renforce la supposition qu'un détachement de la flotte eût été affecté auprès de la *legio VII Claudia*. On trouve la même situation à Troesmis aussi, où la présence d'un détachement de la flotte semble être réflétée par la découverte des tuiles portant l'estampille *[classi]s F(lavia) M(oesica)*.[46]

Une importante découverte épigraphique inclue aussi la zone d'action de la XIe légion Claudia dans l'aire de dislocation des vexillations de la flotte mésique. Il s'agit des briques portant l'estampille [LEG] XI [PONT] découvertes à Izvoarele,[47] dont la reconstitution, comme nous l'avons déjà montré dans le chapitre précédent, suggère la liaison directe de la XIe légion Claudia avec les régions pontiques. Si l'on ajoute que dans les régions rhénanes aussi on constate une étroite liaison entre la flotte et les trouppes terrestres, on peut avancer l'idée qu'il y avait, du moins dans les sièges de légions danubiennes, des unités navales qui étaient desservies par des marins de la flotte mésique.[48] Mais il n'est pas exclu que certaines unités navales appartenant aux légions eussent été desservies par un personnel spécialisé, recruté parmi les soldats mêmes des légions.[49]

A Barbosi, le matériel tégulaire à l'estampille de la flotte mésique, découvert en grande quantité, suggérerait l'existence d'une *vexillatio* navale, hypothèse renforcée aussi par la position stratégique de la fortresse, à l'endroit où le Danube fait son grand coude vers l'est. Il semble qu'une *vexillatio classis* se trouvait aussi à *Axiopolis*, important centre militaire et économique du *limes*. Enfin, une autre vexillation de la flotte mésique stationnait en permanence, à Murighiol (identifiée comme *Halmyris*), où les découvertes épigraphiques récentes attestent l'existence d'un *vicus classicorum*,[50] comme habitat civil aux environs de la cité.

Le principe de la dispersion des sous-unités de la flotte au long du Danube ne doit pas être considéré absolu. Autrement dit, l'existence des installations portuaires en certains points, tels *Securisca* ou *Ad Malum*, n'implique pas la présence des escadres permanentes dans ces zones, ou dans le voisinage des fortifications de moindre importance stratégique.

4. Praefecti

La réorganisation de la flotte du Bas Danube à l'époque de Vespasien coïncida avec une réconsidération à l'échelle globale du statut des commandants des flottes romaines. A partir de cette période, les préfectures des flottes provinciales sont devenues équivalentes avec les commandements des unités auxiliaires, en étant de rang équestre.

---

45. T. Sarnowski, J. Trynkowski, *o.c.*, p. 539.
46. *ISM*, V, 217.
47. M. Irimia, *Pontica*, 18, 1986, p. 141-156.
48. Certaines estampilles tégulaires découvertes à Mainz (O. Höckmann, *o.c.*, p. 345, fig.12) représentaient une cartouche en forme de navire de guerre; ces briques appartiennent à la légion XXII. Primigenia. Une heureuse confirmation de la liaison entre la flotte et cette légion se trouve dans une inscription plus ancienne (*AE*, 1911, 225) où est mentionné un *veteranus leg(ionis) XXII P.P.F. naupegus*.
49. Une telle situation se trouve, par exemple, à Eboracum (*CIL*, VII, 238), où est attesté M. Minucius Audens, *miles leg(ionis) VI Vic(tricis), gubernator leg(ionis) VI*.
50. Al. Suceveanu, M. Zahariade, *Dacia*, M.S., 30, 1986, p. 109-120; voir aussi SE.

La *praefecti classium* étaient choisis parmi les personnages d'ordre équestre, la préfecture d'une flotte devenant partie intégrante d'un *cursus honorum* de l'officier respectif. La *procuratelle* de la flotte mésique était de rang sexagénaire.[51]

Parmi les commandants de la flotte mésique sont connus jusqu'à présent neuf *praefecti*.[52] Nous allons présenter brièvement la carrière de ces personnages et la période où ils ont rempli leur fonction.

1. *M. Arruntius Claudianus* apparaît comme *praefectus class(is) [Moesi(a)cae et ripae Dan]uvi(i)* avant 86 ap.J.C. (SE, 1). La *ripa Danuvii* doit être placée, comme on a démontré, dans le secteur pannonien du *limes* danubien, Claudianus cumulant la fonction de préfet de cet organisme territorial et celle de commandant de la flotte mésique à l'ouest de la Mésie, encore non-divisée.[53]

2. *Sex. Octavius Fronto* est mentionné par un diplôme decouvert près de Bretcu, comme *praefectus classis*, en 92 ap.J.C., lorsqu'on démobilisa *iis qui militant in classe Flavia Moesica*. Le personnage est connu seulement par le témoignage de ce diplôme (SE, 3).

3. *Q. Atatinus Modestus*. La carrière de ce personnage, déroulée entre les années 80–98 ap.J.C., est connue d'après une inscription dédicatoire d'Italie, faite par son frère, *P. Atatinus Flaccus* (SE, 2). Il avait accompli, semble-t-il, le commandement de la flotte mésique comme la plus haute fonction après celles de *praefectu fabrum bis* (fonction successive), *tubicen sacrorum* et *flamen Romae*.

4. *L. Valerius* [...], connu pâce à une inscription de Salona (SE, 4). Après avoir rempli la fonction de *praefectus classis Flaviae Moesicae*, il devient *procurator Augusti*, fort probablement en Dalmatie.[54]

5. *P. Aelius Marcianus* est mentionné par une inscription de *Caesarea Mauretaniae* (SE, 5). La carrière de ce personnage fut exclusivement militaire,[55] dans la succession de laquelle se sont intercalées *praepositurae* en Dacie et *Mauretanie Caesarienne*, suvie par la fonction de préfet des flottes *Syriaca* et *Augusta*. Avec la préfecture de la flotte mésique, Aelius Marcianus entre dans la catégorie des *procuratelles* sexagénaires.

6. *M. Vindius Verianus*, originaire, semble-t-il, de la ville de Dertona (Italie) dans la zone de laquelle se trouve la localité Marengo où l'on a découvert le trésor d'argent dédié à *Fortunae meliori*.[56] Vindius Verianus apparaît comme préfet de la flotte mésique après l'accomplissement de la milice équestre. En Mésie Inférieure il détint cette

---

51. Sur le commandement de la marine romaine voir: A. Bouché-Leclercq, *Manuel des Institutions romaines*, Paris, 1886, p. 334; J. Marquardt, *o.c.*, p. 245-249; C.G. Starr, *o.c.*, p. 32 et suivantes; E. Sander, *Historia*, 1957, p. 154-160.
52. Dans une récente hypothèse, T. Sarnowski, *o.c.*, p. 27, suggérait la possibilité qu'*Asiaticus* et *Arruntius Flamma*, mentionnés dans la horothésie histrienne (*ISM*, I, 67, 68), eussent accompli la fonction de *praefecti classis* à l'époque de Claude et de Neron. Ils semblent avoir été plutôt les *praefecti ripae Thraciae*, et dans cette qualité ils pouvaient avoir la compétence sur la flotte aussi.
53. Toute l'analyse de cette fonction et de sa datation, avec la bibliographie exhaustive, à Al. Suceveanu, *SCIVA*, 30, 1979, 1, p. 47-61.
54. H.G. Pflaum, *Carrières*, nr.255.
55. *Ibidem*, nr. 125; pour d'autres précisions relatives à la carrière de cet officier voir C.C. Petolescu, *Dacia*, N.S., 31, 1987, 1-2, p. 157-161.
56. *AE*, 1937, 178; H.G. Pflaum, *o.c.*, nr.255.

fonction pendant la légation de M. Ovinius Tertullus, entre 192-202 ap.J.C. A cette occasion, Verianus intervient, de l'ordre du légat mentionné ci-dessus, pour réglementer un litige de délimitation dans le territoire histrien, entre les propriétés de la Messia Pudentilla et celles des villageois de l'habitat Buteridava (*termini positi inter Messiam Pudentillam et vicanos Buteridavenses*), intervention qui eut d'importantes conséquences pour la connaissance de l'aire de compétence terrestre et maritime du centre militaire de Noviodunum (SE, 7).

7. Un *Anonymus* à la commande de la flotte mésique est mentionné dans une inscription de Rome (SE, 6). Le personnage avait détenu à un moment donné la commande simultanée de plusieurs flottes: *praef(ectus) class(is) Brit(annicae) [et Germanicae] et Moesica(ae)*. H.G. Pflaum postulait comme moment de l'exercice de cette fonction les opérations menées par Sévère en Bretagne, ce qui explique aussi la mention de la flotte britannique à la tête de la liste.[57] La réunion de ces forces navales imposa, selon l'opinion du même savant, un rang ducénaire pour le préfet anonyme.

8. *P. Aelius Ammonius*, le personnage bienconnu de rang équestre des troisième et quatrième décennies ap.J.C., avec un *cursus honorum* complètement enregistré par une inscription de Tomis,[58] accomplit la fonction de *praefectus classis Flaviae Moesicae*, comme dernière fonction à caractère militaire après tres militia et les deux *praepositurae* intercalées dans la *militia equestris* (SE 9). L'épithet *Gordiana* portée par la flotte designe que la prefecture fut accompli par Ammonius pendant le regne de Gordien entre 238-244 ap.J.C. Mais etant donné que la praepositura des troupes auxiliaires de Mésie Inferieure peut être datée, selon la juste opinion de I.Piso, le plus exactement 238 ap.J.C., à l'occasion de l'effort de repousser l'invasion carpo-gothique, il resulte qu'Aelius Ammonius avait detenu la commande de la flotte mésique après cette date.

9. *Postumus, praefectus classis*, apparaît mentionné dans une inscription réutilisée comme matériau de construction pour le mur d'enceinte de Noviodunum (SE, 8). Sur des bases paléographiques, l'inscription a été datée du IIIe siècle ap.J.C., même de la deuxième moitié et, selon l'opinion de l'éditeur, il "pouvait se ranger parmi les derniers commandants de la flotte avant l'avènement de Dioclétien" (Fig. 4).

5. *Officiers, sous-officiers et personnel dans classis*

Il paraît encore plus évident le fait que dans le cas de la flotte mésique aussi s'applique le schéma général d'organisation des autres flottes centrales ou provinciales romaines, à la différence que, en ce qui concerne les premières, il y a une relative abondance d'informations, notamment épigraphiques, tandis que pour *classis Flavia Moesica* les informations sont extrêmement pauvres. Ce manque se manifeste surtout dans le domaine de la composition du personnel de commande subordonné au préfet, composé d'officiers et de sous-officiers.

Les triérarques constituaient une catégorie très répandue d'officiers dans la flotte romaine, étant théoriquement au commandement d'un navire à trois rangées de rames.

---

57. *Ibidem*, p. 695-696.
58. I. Piso, *Dacia*, N.S., 20, 1976, p. 251-258.

Structure de la Flotte

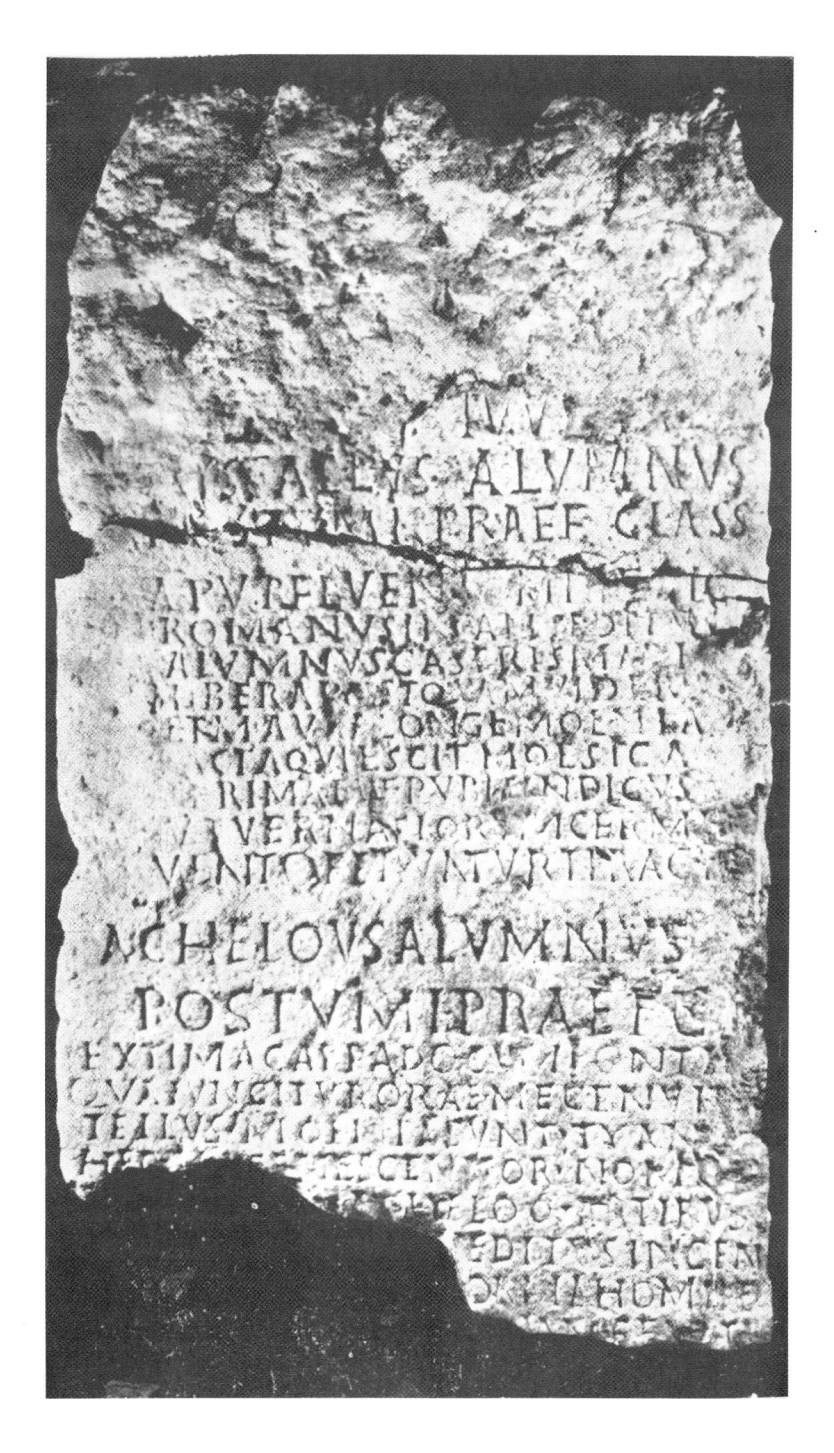

Fig. 4 Inscription honorifique pour Postumus, praefectus classis

Fig. 5
*Autel votif élevé par
C. Candidus Germanus,
trierarchus*

*Fig. 6 Autel votif élevé pour Q.
Aelius Heliodorus, centurio classis*

Pris dans un sens plus large, s'étant généralisé, semble-t-il, dans le cadre du langage technique de la flotte romaine, *trierarchus* signifiait le capitaine du navire.[59] Jusqu'à présent on connaît trois triérarques de *classis Flavia Moesica*.

1. *T. Aurelius Secundus*, originaire de Ravenne, voua en 185 ap.J.C., à Chersonèse, un autel à la santé de Commode aussi bien que de Fl. Sergianus Sosibus, tribun de la Ière légion Italica, se trouvant probablement eu tête des troupes terrestres et maritimes de la côte du nord-ouest de la Mer Noire et de Crimée (SE, 12). L'officier marin se trouvait dans la directe subordination du tribun, ce qui signifiait que l'escadre chersonisite de la flotte mésique se subordonnait à ce commandement mésique nord-pontique.

2. *T. Aelius Severinus*, décédé probablement en activité et enterré par sa femme, Claudia Sabina, à Histria (SE, 11). *Nomen gentile*, Aelius, aussi bien que le caractère des lettres, pourraient encadrer l'inscription au IIe siècle ap.J.C.

3. *C. Candidus Germanus* est mentioné sur un autel votif découvert à Noviodunum,[60]

---

59. Sur *trierarchus*, voir en général D. Kienast, *o.c.* p. 11 et les suivantes. C.G. Starr, *o.c.*, p. 43-44, montre que les triérarques apparaissent tout exceptionnellement, et en qualité de commandants des petits détachements de la flotte; mais ils commandaient, le plus souvent les navires de guerre.
60. Photo Florin Topoleanu, auquel nous adressons nos remerciements.

personnage ajouté récemment à la liste de triérarques déjà connus (SE, 10) (Fig. 5).

Outre ces trois triérarques, on connaît aussi le nom d'un centurion, *Q. Iulius Heliodorus*, mentionné sur un autel de la deuxième moitié du IIIe siècle, découvert à Noviodunum, pour avoir servi sur la liburne nommée *Armata* de la flotte mésique (SE, 14) (Fig. 6). Cette importante mention éclaircit certains aspects de l'organisation des équipages des navires et du corps de commandements de ce niveau de la flotte mésique. *Centuriones* sur les navires sont mentionnés aussi dans d'autres flottes, en supposant que les activités strictement militaires entraient dans leur compétence. De façon convenable, une centurie comprenait le personnel militaire d'un navire de guerre, quelle que soit sa grandeur.[61] Mais il est difficile à distinguer où commençaient et où s'arrêtaient les attributions du triérarque, considéré capitaine de vaisseau, et celles du centurion. En principe, les problèmes militaires étaient laissés au compte du centurion, qui surveillait l'entraînement des marins par les *armaturae* et qui exerçait le commandement sur eux par temps de paix et de guerre. On supposa que pendant la navigation le centurion commandait seulement le groupe de soldats de l'infanterie marine, bien qu'on connaisse aussi le fait que chaque membre de l'équipage, employés, médicins, timoniers s'identifiaient aux *milites* et faisaient donc partie des *centuria*.[62] Il est possible aussi que pendant le stationnement du navire le centurion eût eu l'autorité sur l'équipage, y compris sur le navigateur, *gubernator*.[63]

Il faut encore mentionner la possibilité de l'existence d'un *optio navalis*, dans la personne d'*Auluzenus*, d'origine thrace (SE, 13), ayant fait partie de *classis Flavia Moesica*.[64]

En abordant une autre catégorie de militaires de la flotte, *classici* ou *classiarii*, on peut relever le fait qu'ils étaient assimilés aux soldats encadrés aux centuries corespondantes à chaque navire.[65] A partir du règne de Claude, le principe du recrutement des équipages de la flotte, de préférence, des libertes, des esclaves ou des alliés, allait être remplacé par celui du recrutement des éléments spécialisés en navigation, de préférence des régions riveraines ou des îles.[66] Les soldats de la flotte détenaient le rang le plus bas de l'armée romaine, exprimé dans la durée la plus longue du service, 26 ans, et dans la solde inférieure aux autres catégories de troupes, bien qu'il eût existé une distinction claire entre l'équipage proprement-dit et les soldats qui servaient sur les navires, ayant un statut supérieur. L'étude des inscriptions se référant aux *classici* confirme l'hypothèse de Th. Mommsen[67] selon laquelle, à partir du règne de Hadrien, à leur entrée dans la flotte ils recevaient la citoyenneté romaine.

En Mésie Inférieure il y a des cas où, simultanément à la démobilisation des effectifs des troupes auxiliaires, sont aussi libérés des contingeants de la marine. En 92 ap.J.C.

---

61. G. Webster, *The Roman Imperial Army of the First and Second Centuries A.D.*, London, 1969, p. 165.
62. C.G. Starr, *o.c.*, p. 56.
63. *Ibidem*, p. 57-58.
64. Voir la restitution de G. Alföldy, *Gnomon*, 56, 1984, p. 786, comme opinion différente par rapport au premier éditeur, E.I. Solomonik, *Pamiatniki*, no.26.
65. D. Kienast, *o.c.*, p. 63.
66. A. Bouché-Leclercq, *o.c.*, p. 334.
67. Th. Mommsen, *Gesammelte Schriften*, VI, Berlin, 1901, p. 224.

sont libérés seulement les *classiarii* de la flotte mésique.

Les inscriptions découvertes dans la zone de recherches nous fournissent les noms de plusieurs *classiarii*, nommés dans les documents *milites*. Datées, en général, dans les IIe-IIIe siècles ap.J.C., ces inscriptions se réfèrent aux soldats actifs ou aux vétérans de la flotte mésique. Trois *milites classis* proviennent de Chersonèse: *Aelius Maximus* (SE, 17), *C. Valerius Valens*, soldat sur la liburne appelée *Sagitta* (SE, 16) et un anonyme, auquel un camarade d'armes lui dressa une pierre funéraire (SE, 15). C'est de Tyras que provient un soldat actif, *Ulpius Valentinus* (SE, 18). Un vétéran de la flotte mésique, *Valerius Valens*, est connu à Tomis dans une inscription bilingue (SE, 20). A Montana (Mihailovgrad) fut récemment découverte une inscription très intéressante où l'on mentionne un nom, *Ti. Claudius Ulpianus*, qui dirigeait les vexillations réunies de la Ière légion Italica, de la XIe Claudia et de la flotte mésique.[68] Ce détachement de la flotte, tout comme les unités de terre, assurait un transport d'animaux sauvages, ours et bisons, vers Rome, probablement par une route plus courte, vers la Mer Adriatique (SE, 22). La présence d'une vexillation de *classiarii* de la *classis Flavia Moesica* à Montana s'explique par ce que la localité se trouvait aux sources d'Ogosta affluent du Danube qui se jetait dans le fleuve en amont de Oescus.

Ce *Cassius Candidus, discens epibeta* (SE, 19), faisait probablement partie des *principales* de la VIIe légion Claudia.[69] *Epibata* est assimilé habituellement avec ce que les Romains nommaient *nauta*. Les sources épigraphiques et littéraires font une distinction nette entre *nautae*, l'équipage proprement-dit qui assurait le bon fonctionnement du navire et *remiges* (rameurs), bien qu'un passage d'Ulpian montre que *in classibus omnes remiges et nautae milites sunt*.[70] Le sens de cette précision nous semble se référer, plutôt, à ce que tous ceux qui se trouvaient sur un navire exécutaient une *militia*.

Il y a aussi une troisième catégorie de personnel sur un navire de combat: *milites classiarii*, encadrés éventuellement dans une *centuria*, *nautae* et *remiges*; bien que ces deux dernières catégories ne soient pas mentionnées pour la zone qui fait l'objet de notre analyse, il nous semble probable de les accepter aussi dans le cadre de la flotte mésique.

Nous ne saurons pas conclure cette présentation des officiers, des sous-officiers et du personnel de la flotte mésique, sans mentionner un *medicus* de cette flotte. Dans une inscription récemment découverte à Tyras, on atteste un *medicus duplicarius* de la flotte mésique, *M. Seius Ga(ugil)ius* qui fit élever, avec un autre camarade, un *medicus vexillationis*, pendant les IIe-IIIe siècles ap.J.C., un autel à la mémoire d'Asclepios et d'Hygée (SE, 21).

L'inscription du préfet *Postumus* de Noviodunum (SE, 8), contient quelques informations intéressantes sur le personnel de service de la flotte désigné dans le document par les deux *alumni*, *K[r]ystallus* et *Achelous*. Les deux *alumni* étaient des personnes à grande expérience de la vie militaire, acquise depuis leur enfance, lorsqu'ils se trouvaient tout près ou même à l'intérieur des camps militaires. C'est bien le cas

---

68. V. Velkov, G. Alexandrov, *Chiron*, 18, 1988, p. 272-274.
69. T. Sarnowski, J. Trynkowski, *o.c.*, p. 541 et la note 25.
70. *Digesta*, 37, 13, 1.

de *Krystallus*, originaire d'Hispanie, né et élevé auprès des castres et de la flotte (*alumnus castris mari[que] Hibera*) et d'*Achelous*, originaire de Cappadoce Pontique, de la ville de Tyana.

Types de Navires

Dans la période des Ier–VIe siècles ap.J.C. sur le Danube furent employés plusieurs types de navires, aussi bien pour des buts militaires, à l'occasion des campagnes qui se déroulèrent dans la zone, que pour des actions de transport, ou d'approvisionnement. Les informations que nous avons jusqu'à présent au sujet des navires employés par les Romains et les Byzantins sur le Danube, sont relativement nombreuses. Elles peuvent être partagées en deux grandes catégories: des informations d'ordre iconographique, dont la plupart sont offertes par les reliefs de la colonne Trajane et des informations d'ordre historique. Par une coïncidence, ces deux catégories corespondent aux deux grandes périodes historiques dont nous nous occupons. Ainsi, pour les Ier–IIIe siècles ap.J.C., nos connaissances sur les navires ayant circulé sur le fleuve se réduisent, à de rares exceptions, à quelques représentations de la Colonne et des briques estampillées de Novae. Au contraire, pour les IVe–VIe siècles ap.J.C., il manque totalement les représentations de navires, notre information étant complétée par les mentions des auteurs anciens. Nous ne savons pas si quelqu'un des types de navires des Ier–IIIe siècles eussent circulé aussi dans la période tardive ou inversement. Dans ces conditions nous avons pensé qu'il est plus indiqué de présenter les navires du Danube dans le contexte des deux périodes historiques dont il est question.

Un problème sur lequel nous nous sommes difficilement décidé d'adopter une position ferme, fut celui du critère permettant de présenter les divers types de navires. Il y a jusqu'à présent, pour l'époque romaine, quelques milliers de représentations de navires, aussi bien que de nombreuses mentions des auteurs anciens. Malgré cette réelle abondance d'informations historico-iconographiques, on n'est pas arrivé à un point de vue généralement valable en ce qui concerne l'encadrement des navires en certaines catégories spécifiques. Cette situation est due, d'une part, au schématisme de l'immense majorité des représentations, et d'autre part, au manque de descriptions correctes de la forme et de la fonctionnalité des navires chez les auteurs anciens, qui nous laissent, bien des fois, des descriptions tronquées ou incorrectes. Dans cette situation, nous devons nous contenter quand même de ces informations, qui exigent d'être présentées de la façon la plus critique.

Il y a quelques tentatives de classification typologique des navires employés à l'époque romaine, chaque partant d'un autre critère d'analyse. Ainsi, P.M. Duval, établit trois grandes catégories de navires,[1] analysant la célèbre mosaïque "nautique" d'Althiburus[2] (Tunisie), prenant leur forme comme critère de base. Ces trois catégories sont: 1) navires à profil asymétrique (avec ou sans rames), à en entendre les vaisseaux dont la poupe et la prouve sont arrondies; 2) navire à profil asymétrique (avec ou sans rames), à la prouve creuse et présentant ce genre d'éperon (embolion);[3] 3) formes intermédiaires.

F. Miltner, dans l'excellent chapitre *Seewesen* de RE, divise tous les types de navires connus en deux catégories,[4] selon leur fonctionnalité: la marine de guerre, comprenant des navires de ligne, des navires de surveillance, des navires de transport et des navires fluviales; la flotte commerciale. Récemment, J. Pekary, élabore une nouvelle typologie des navires de l'époque romaine,[5] en les divisant en cinq types: I – *navis longa*; II – *navis oneraria*; III – *navis actuaria*; IV – *navis piscatoria*; V – *navis fluminalis*.

Sans entrer en détails, nous nous bornons seulement à montrer que la dernière tentative de typologie, bien qu'au premier abord elle couvre tous les types de navires, est assez peu convaincante, pour la simple raison qu'un certain genre de bâteau peut être encadré en deux ou même trois de ces cinq catégories.[6] Il suffit de rappeler que *lusoria* est un navire qui trouve sa place, dans le contexte de la typologie citée ci-dessus, dans la catégorie des *naves longae*, mais aussi des *naves fluminales*, ou que *liburna* – selon les remarques faites ci-dessus – était un navis longa, mais utilisé aussi sur les fleuves. Dans ces conditions, jusqu'à une nouvelle typologie des navires commerciaux et de guerre, qui puisse prendre en considération absolument tous les facteurs (forme, fonctionnalité, grandeur, caractéristiques techniques, les eaux où ils ont circulé), nous pensons que la division de P.M. Duval, en bâteaux symétriques et ceux asymétriques est pour le moment la plus appliquable. D'autant plus que les réalités iconographiques le témoignent, les navires asymétriques sont généralement commerciaux, de transport ou d'approvisionnement, tandis que ceux asymétriques sont avant tout des navires de guerre ou employés pour des buts militaires.

1. Types de navires employés sur le Danube aux Ier-IIIe siècle ap.J.C.

Navires de guerre

Comme forme et comme manière de fonctionnement, les bâteaux romaines de guerre reprirent toutes les caractéristiques des navires grecs, mais des améliorations y furent aussi nécessaires (Fig. 7).[7] Ils se distinguent des ceux de transport et commerciaux

---

1. P.M. Duval, *MEFRA*, 61, 1949, p. 119-149.
2. Cette mosaïque est publiée pour la première fois par P. Gaukler, *Un catalogue de batellerie gréco-romaine: la mosaïque d'Althiburus*, dans *Man.Piot.*, XII, 1905, p. 113-154 et reprise avec des commentaires par E. Assmann, *JDI*, 21, 1906.
3. Ces deux types sont divisés, chacun à son tour, en quatre sous-groupes: a) voiliers de grandes dimensions; b) navires légers; c) barques; d) chalands.
4. F. Miltner, *RE*, Suppl., 5, 1935, *s.v. Seewesen*, col.958-961.
5. I. Pekary, *Boreas*, 7, 1984, p. 183-192; *eadem*, *Boreas*, 8, 1985, p. 111-126.
6. Voir I. Pekary, *o.c.*; p. 124 (Koordonirungstabelle).
7. P.M. Duval, *RA*; 1948; *idem*, *Mel.Ch. Picard*, p. 338-351.

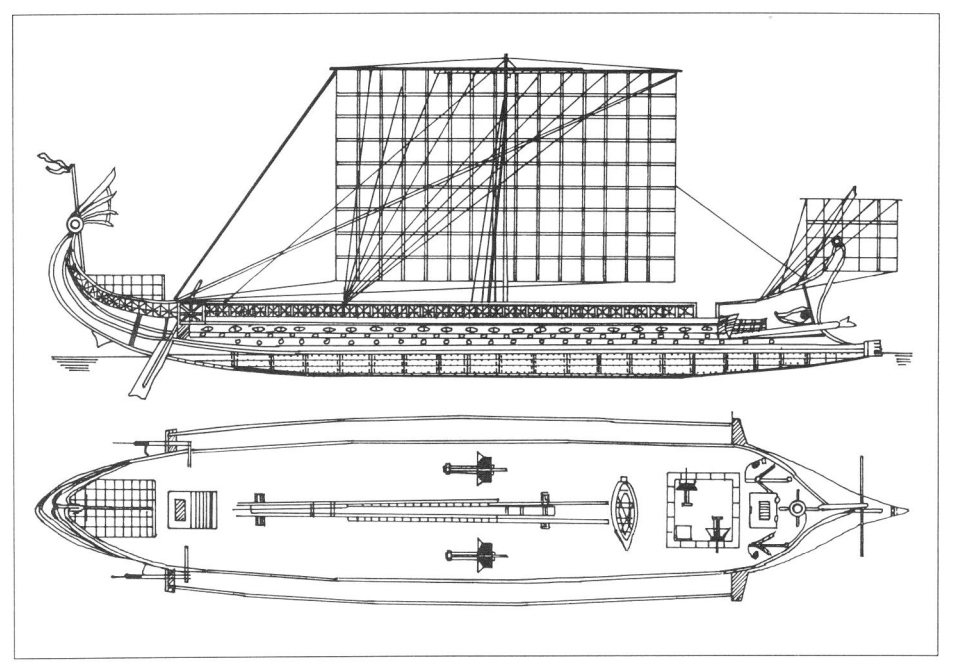

Fig. 7 Navire romain de guerre - reconstitution (d'après H.D.L. Viereck, Flotte, p. 22)

par la forme de la prouve, creusée et recourbée vers l'intérieur, par ce que la partie supérieure est plus haute, formant un *akrostolion*,[8] pourvue d'un éperon appelé *embolion*, doublé parfois d'un *proembolion*.[9] Les navires de guerre se distinguaient par le nombre des rangs de rames et de rameurs, étant donc *monères, dières, trières, tétrères, pentères, hexères* et ainsi de suite.[10] Ils pouvaient être *afrakte*, c'est à dire sans ponts qui protègent les rameurs du rang supérieur, un pareil navire s'appelant *aperta navis*,[11] ou *kathafracte*, muni pour diversifier de ponts et de bordages de protection.[12] La propulsion de ces bâteaux se réalisait tout d'abord à l'aide des rames, mais aussi à l'aide des voiles.[13]

En ce qui concerne les bâteaux de guerre utilisé par les Romains au Bas Danube au Ier–IIIe siècles ap.J.C., il faut mentionner que de précieuses informations d'ordre iconographique sont mises à notre disposition par les reliefs de la Colonne. Du point

---

8. I. Pekary, *Boreas*, 6, 1983, p. 119-128.
9. Pour la description détaillé des navires de guerre romains, voir H.D.L. Viereck, *Flotte*, p. 21-26.
10. *Ibidem*, p. 30-31.
11. E. de Saint-Denis, *Revue Philologique*, 68 1974, 1, p. 11.
12. A. Cartault, *La trière athénienne*, Paris, 1881, IV, p. 21. Pour d'autres détails constructifs d'un navire Kathaphrakte, voir I. Pekary, Th. Pekary, E. Schwertheim, *Boreas*, 2, 1979, p. 82.
13. Pour tous les autres détails concernant la technique de construction, l'origine et la forme des navires romains aussi bien que leur fonctionnalité, sauf les ouvrages cités dans les notes 5 et 9, voir: C. Torr, *Ancient Ships*, Cambridge, 1894; W. Tarn, *Roman Navy*, Cambridge, 1921; A. Koster, *Das antike Seewesen*, Berlin, 1923; C.G. Starr, *Classical Philology*, 35, 1940; L. Wickert, *Würzburger Jahrbuchen fur die Alterumswissenschaft*, 4, 1949-1950; L. Casson, *Ships*. Une attention spéciale doit être accordée à l'ouvrage de J. Scheffer, *Militia navalium*.

de vue de ce chapitre se pose le problème suivant: peut-on considérer les navires de guerre représentés sur la Colonne comme images fidèles des vaisseaux utilisés par Trajan au cours de la campagne de Mésie ou à l'occasion du passage du Danube? Peut-on avoir, par conséquent, la certitude que de tels navires eussent circulé vraiment sur le fleuve lors des guerres daco-romaines? Une réponse définitive et ferme à la fois (positive ou négative) à cette question ne peut être formulée au stade actuel de l'étude systématique du monument, étant données les opinions diverses sur sa valeur documentaire.

On peut distinguer deux opinions différentes dont une selon laquelle la Colonne représente une image fidèle des guerres daces, ce qui permet donc d'accorder pleine confiance aux scènes pour la localisation topo- et hydrographique, dans le déroulement des événements.[14] L'autre, plus réaliste et usant des arguments plus convaincants, considère le monument seulement comme une représentation artistique, de synthèse, avec ses inévitables exagérations et déformations, sans avoir une valeur particulière comme source documentaire.[15] On a déjà montré que, si les reliefs respectent chronologiquement les réalités des guerres, pour leur exécution, en ce qui concerne les paysages, les constructions et autres détails, les sculpteurs ne se sont pas servi des observations directes, mais d'un texte illustré, peut-être même les *Commentaires* de Trajan.[16] Si telle est la situation, même si nous ne pouvons pas accorder confiance entière aux réalités iconographiques de la Colonne, il nous semble fort probable que, dans leurs grandes lignes, les navires représentés sur ce monument eussent été tres proches à la réalité. Il est à supposer que ces bâteaux, bien qu'ils semblent ne pas être exécutés par des artistes témoins oculaires aux événements militaires, ne peuvent pas être entièrement différents de ceux qui furent employés par les Romains sur le Danube, surtout que les types de navires de guerre sont généralement semblables dans toutes les zones de l'Empire.

Sur la Colonne Trajane sont représentés dix navires de guerre, *birèmes* et *trirèmes*, dont quatre sont identifiables dans les scènes qui représentent la campagne de Trajan en Mésie – longtemps controversée –, contre les alliés de Décébal[17] (102 ap.J.C.). Les autres six seront seulement succinctement présentés parce qu'ils font partie des scènes présentant le chemin parcouru par Trajan, d'Italie jusqu'en Dacie, lors de la reprise des hostilités, en 105, et ils n'entrent donc pas dans la sphère de nos préoccupations.

Les quatre bâteaux de guerre représentés sur les scènes XXXIII, XXXIV, XXXV,

---

14. C'est l'opinion de plusieurs exégètes de la Colonne, parmi eux C. Cichorius, *Trajanssäule*; S. Reinach, *La Colonne Trajane au Musée de Saint-Germain*, Paris, 1886, p. 27; T. Antonescu, *Columna Traiana*, I, Iasi, 1910, p. 55-57.
15. H. Stuart Jones, *Papers of British School at Rome*, V, 1910, p. 433-461; K. Lehmann-Hartleben, *Die Trajanssäule, Ein römisches Kunstwerk zu Beginn der Spätantikes*, I, Berlin-Leipzig, 1926, p. 8. E. Strong, *La scultura romana da Augusto a Constantino*, II, Rome, 1926, p. 158; G.Ch. Picard, *Le trophées romains. Contribution à l'histoire de la Religion et de l'Art triomphale de Rome*, Paris, 1956, p. 390.
16. T. Bird, *Die Buchrolle in der Kunst*, Leipzig, 1907, p. 269-271; H. Daicoviciu, *Dacia*, N.S., III, 1959, p. 322-232, qui montre que les reliefs doivent être utilisés avec circonspection. Cf. aussi I. Miclea, R. Florescu, *Decebal si Traian*, Bucarest, 1980, p. 16-17, où l'on admet que les reliefs ont été réalisés d'après un ouvrage de littérature historique.
17. Une présentation synthétique avec certaines contributions essentielles de cet événement, ayant aussi des références bibliographiques abondantes, réalise R. Vulpe, *St.cl*, VI, 1964, p. 205-232.

XLVI,[18] apparaissent dans le cadre de l'épisode moins connu et nommé la campagne de Trajan en Mésie; il s'agit du moment où l'empereur embarqua ses troupes, déscendit au fil du fleuve pour arriver dans la zone menacée par les Daces, après quoi, les événements militaires déroulés, y compris la bataille d'Adamclisi, il s'embarqua pour renter en Dacie. A l'exception de quelques détails insignifiants, les quatre navires sont représentés de façon identique. Il s'agit de bâteaux de guerre à deux rangs de rames (*birèmes*), la poupe plus haute que la proue, sans mât (Figs. 8 & 9). Le bordage des navires est consolidé, d'un bout à l'autre, d'un raie en bois. La proue, légèrement élevée par rapport au pont, est crénelée; l'éperon, *embolion*, aussi bien que la partie plus élevée de la proue, *akrostolion*,[19] sont également représentés. Le pont est protégé par un parapet-balustrade les poutres en croix. Le rang inférieur de rames passe par le bordage des navires, par les ouvertures qui ne sont pas représentées, tandis que les rames du rang supérieur entrecroisent la balustrade du pont pour pouvoir être manoeuvrée par les rameurs. Ces détails suggéreraient que les rameurs du rang supérieur étaient assis directement sur le pont,[20] tels qu'ils furent d'ailleurs peints par l'artiste.

Mais c'est à la poupe des navires qu'on observe les plus intéressants détails. La rame-gouvernail a des contours clairs et elle se distingue des autres rames par les dimensions et la forme; on a reproduit aussi le mécanisme même par lequel passait la tige de la rame et qui offrait à cette dernière la possibilité de tourner selon les nécessités (*epotis*). Tous les bâteaux ont à leur poupe un parapet-balustrade, similaire à celui du pont, qui bordait le petit pont de la poupe, destinée généralement au timonier. Un des navires (scène XXXV, en bas) présente la tige du pavillon (*stylis*), avec sa *taenia* flottant, tige sur laquelle se trouvait le disque représentant la divinité protectrice du navire (*tutela navis*).

En fin, la poupe des navires en discussion est dominée par une grande cabine demi-circulaire, sur laquelle est représenté l'ornement appelé *aphlastron*. En principe, ces cabines abritaient le commandant du bâteau, mais, comme on a récemment remarqué,[21] toutes les cabines des navires de la Colonne sont de plus grandes dimensions et beaucoup plus confortablement aménagés que ceux communs, ce qui suggère qu'ils doivent avoir servi à des personnages distingués. La forme et les dimensions de ces bâteaux trouvent des paralliles parfaites à maints navires représentés sur des mosaïques de l'époque romaine.[22]

Les autres six bâteaux que nous allons brièvement dérive sont représentés sur les scènes LXXIX, LXXX, LXXXI, LXXXII, LXXXVI, scènes où Trajan s'embarque à Ancona, au printemps de 105 ap.J.C. L'itinéraire de l'empereur jusqu'en Dacie ne

---

18. Nous avons préféré utiliser la division et la numération des scènes d'après C. Cichorius.
19. Une typologie de ces *akrostolia* a été faite par I. Pekary, *Boreas*, 6, 1983, p. 119-128; *akrostolia* des navires représentés sur la Colonne pourraient s'encadrer au type III/a (Rundschild).
20. H.D.L. Viereck, *o.c.*, p. 36.
21. J. Rougé, *Archaeonautica*, 4, 1984, p. 227. Pour d'autres précisions concernant la cabine de la poupe des navires, voir idem, *Pallas. Revue d'études antiques, Mélanges offertes à Monsieur Michael Labrousses*, 1986, p.96.
22. L. Foucher, *Navires et barques figurés sur des mosaïques découverts à Sousse et aux environs*, Tunis, 1957, p. 7, f.2, p. 17, f.9.

Fig. 8 La Colonne de Trajan, scène XXXIII

Fig. 9 La Colonne de Trajan, scène XXXVI

Fig. 10 La Colonne de Trajan, scène LXXXVI

fut pas établi, mais, de toute façon il semble avoir été jalonné de plusieurs ports où Trajan débarqua pour accomplir des cérémonies solennelles.[23] On peut remarquer qu'on a à faire à des navires de guerre maritimes, qui ne sont pas différents, comme forme, de ceux employés sur le Danube, seulement ils sont plus robustes et, outre cela, dans la majorité, ils sont pourvus d'un mât. Ainsi par exemple, le bâteau de la scène LXXXVI (en haut) a son mât principal placé sur des fourches, la voilure repliée, tandis que d'autres navires ont aussi un mât à la proue (*dolon*) (Fig. 10).

Certains navires ont à leur proue des canons utilisés en bataille, ce qui nous détermine à les considérer trirèmes et non pas birèmes.[24]

En revenant aux bâteaux de guerre composant la flotte romaine du Bas Danube, il est nécessaire de rappeler qu'une autre information d'ordre iconographique est fournie par quelques briques estampillées de Novae qui, comme nous l'affirmions dans un chapitre précédent, suggère la liaison étroite entre la flotte mésique et les troupes de terre, notamment la Ière légion Italica. L'estampille de ces briques est

---

23. E. Petersen, *Kriege*, p. 38-39, L. Rossi, *Trajan's Column and the Dacian Wars*, London, 1971, p. 175-176.
24. La même opinion à H.D.L. Viereck, *o.c.*, p. 35. *Cf.* aussi P. Kamp., *The History of Ships*, London, 1970, p. 53.

*Fig. 11 Estampille tégulaire de Novae
(d'après J. Trynkowski, T. Sarnowski, Limes XIII, p. 536, fig. 1)*

représentée par l'image d'un navire de guerre (Fig. 11).[25] Bien que le contour des bâteaux soit assez schématiquement présenté, on peut faire les observations suivantes: il s'agit sans doute d'un birème, si l'on fait l'analogie avec les navires de la Colonne, fait témoigné tout d'abord par l'éperon (*embolion*) de la proue et par *akrostolion* de la même partie du bateau. La rame-gouvernail n'est qu'une ébauche. La cabine de la poupe (*dieta*), aussi bien que l'ornement appelé *aphlastron* sont mieux mis en évidence. Tous ces éléments nous donnent la possibilité d'affirmer que, du point de vue typologique, les navires représentés sur les briques de Novae font partie de la même catégorie que ceux de la Colonne.[26]

Essayons par la suite de connaître certaines interprétations sur les bâteaux de guerre documentées sur la Colonne Trajane et sur les briques de Novae, navires qui, dans le contexte ci-dessus, peuvent être qualifiés comme birèmes. L'opinion presqu'unanimement acceptée est que ces navires étaient liburnes ou, selon les précision récentes, liburnes fluviales.

Sur le type de bâteau appelé *liburna* ou *liburnica*, avec sa correspondente grecque,[27] λιβυρνίς, λίβυρνς mentionné par de nombreux historiens de l'antiquité tardive, on a écrit beaucoup, ce navire étant en fait le plus "populaire" dans le cadre de la marine romaine de l'époque impériale. Malgré tout, il y a encore certains questions confuses, qui se rapportent même à son non, à l'origine et à son aspect. Selon les affirmations d'Appien et plus tard de Végèce, le nom de ce vaisseau provient d'un peuple habitant

---

25. T. Sarnowski, J. Trynkowski, *Limeskongress Aalen*, p. 356-341, f.1-2.
26. Les découvertes tégulaires de Novae ne constituent pas un cas singulier; voir O. Höckmann, *Jahrbuch des Römisch-Germanischen Zentralmuseums*, 33, 1986, p. 395, fig.12.
27. Pour d'autres variantes grecques du nom du navire, voir A. Grosse, *RE*, XIII, 1927, *s.v. Liburna*, col.144.

la côte dalmatienne et pratiquant la piraterie, les Liburnes.[28] Végèce affirme que la diffusion extraordinaire de ces navires est due à ce que la victoire d'Octavien, à Actium, fut décidée justement par ces liburnes.[29] Mais selon l'avis de certains chercheurs, la première partie de ce passage de Végèce doit être regardée avec beaucoup de prudence parce qu'il n'y a encore rien qui puisse nous témoigner de la participation spéciale des liburnes dans la bataille d'Actium.[30] Nous retenons donc pour le moment que malgré le nom du navire provenant de la population illyrique qui s'occupait de la piraterie, à l'époque du Principat, il paraît que les liburnes romaines ne présentaient plus rien de commun, sauf leur nom avec les bâteaux des anciens Liburnes.[31]

La description relativement complète de la liburne a été réalisée toujours par Végèce, V, 7, et nous considérons qu'il est utile de présenter *in extenso* le passage:

Quod ad magnitudem pertinent, minimae Liburnae remorum habent singulos ordines; paulo majores, binos; idoneae mensurae, ternos vel quaternos, interdum quinos sortiuntur remigum gradus. Nec hoc cuiquam enorme videatur, cum in Actiaco proelio longe majora referantur concurrisse navigia, ut senorum etiam, vel ultra, ordinum fuerint. Scaphae tamen majoribus Liburnis exploratoriae sociantur, quae vicenos prope remiges in singulis partibus habeant: quas Britanni pictas vocant. Per has et superventus fieri et commeatus adversiorum navium aliquando intercipi assolent, et speculandi studio adventus earum, vel consilium deprehendi. [Ne tamen ventus exploratoriae naves candore prodantur, colore veneto, qui marinis est fluctibus similis, vela tinguntur et funes; cera etiam, qua ungere solent naves, inficitur. Nautae quoque vel milites venetam vestem induunt, ut non solum per noctem, sed etiam per diem facilius lateant explorantes].

"En ce qui concerne la taille, les plus petites liburnes ont chacune un seul rang de rames; ceux un peu plus grands, deux chacun; ceux de mesure moyenne, trois ou quatre chacun, parfois ils peuvent accepter cinq rangs de rameurs pour chacun. Et comment donc ne pas trouver énorme du moment que dans la bataille d'Actium on dit que des bâteaux encore plus grands flottaient, ce qui faisait nécessaires six rangs (de rames) ou peut-être plus. Cependant, les liburnes plus grandes sont accompagnées de chaloupes de reconnaissance ayant chacun presque vingt rameurs de chaque côté;

---

28. Appion, *Bell.civ.*, II, 35, 156. Cette explication est acceptée par Eustatius aussi, dans *GGM*, II, 289. Pour toute la discussion concernant le nom et l'origine de la liburne, voir S. Panciera, Epigraphica, 18, 1956, p. 131 et suiv. Il est à remarquer que d'autres auteurs donnent une explication erronée au nom de ce type de navire, tel Zosimos, V, 20, 3, ou Isidore, Or., XIX, 1: ... *Liburnae dictae a Libyis*.
29. Vègèce, V, 3: *Diversae autem provinciae quibus temporibus mari plurimum potuerunt, et ideo diversa eis genera navium fuerunt. Sed Augusto dimicante Atiaco proelio, cum Liburnorum auxiliis praecipui victus fuisset Antonius, experimento tanti certaminis patuit, esse Liburnorum naves ceteris aptiores. Ergo similitudine, et nomine usurpato, ad earundem iustar classem Romani principes texuerunt. Liburnia nomque Dalmatiae pars est Iadertinae subjacens civitati, cujus exemplo nunc naves bellicae fabricantur, et appellantur Liburnae* ("Diverses autres provinces à l'époque où furent puissantes au plus haut degré sur la mer, eurent de différents types de navires. Mais lors de la lutte d'Auguste dans la bataille d'Actium, après la défaite d'Antonius à l'aide des Liburnes, on a prouvé par un combat si acharné que certains navires des Liburnes sont meilleurs que les autres. Alors, en prenant leur nom et leur aspect, les commandants romains réalisèrent une flotte semblable. Et la Liburnie est une partie de la Dalmatie dépendant de la cité de Iadera; c'est sur leur modèle qu'on fabrique maintenant les navires de guerre qui s'appellent liburnes"). Pour voir l'emploi des liburnes dans la bataille d'Actium, voir aussi Propertius, III, 2, 44; Plutarque, *Anton*, 67, 2.
30. S. Panciera, *o.c.*, p.136. Voir *aussi les considérations* de W. Tarn, *JRS*, XXI, 1931, p. 133.
31. J. Rougé, *Marine*, p. 134-135.

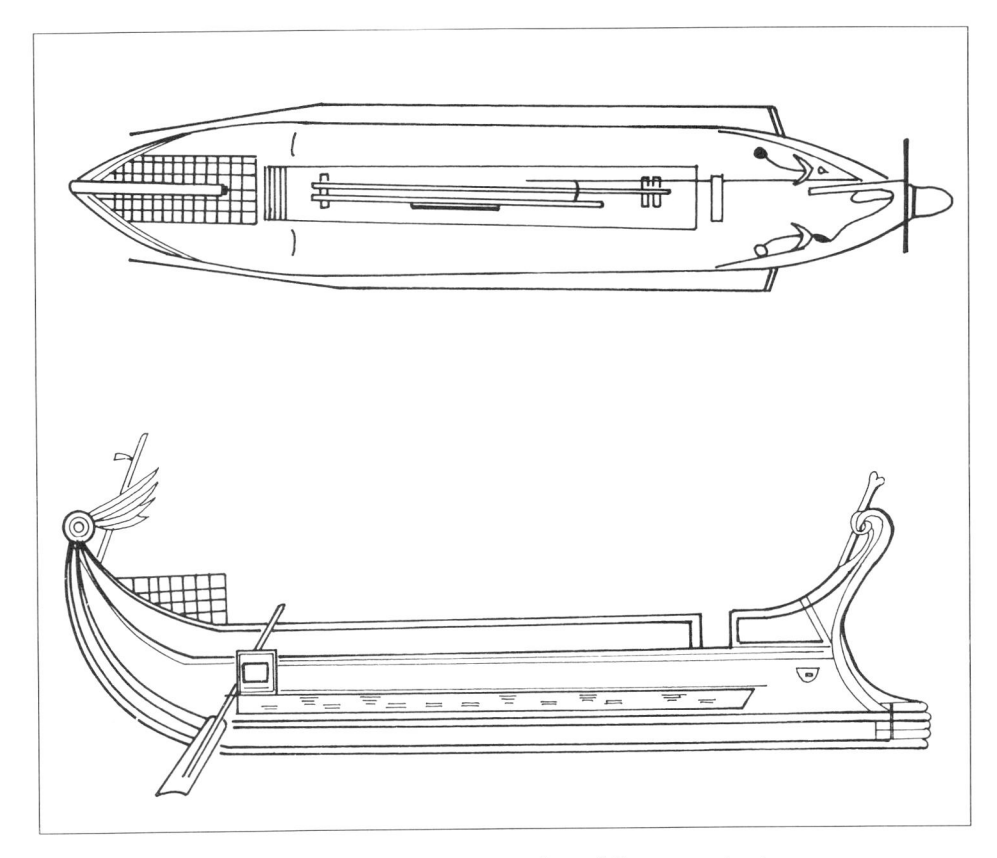

*Fig. 12 Liburne du premier siècle ap.J.C. - reconstitution
(d'après H.D.L. Viereck, Flotte, p. 35)*

les Britanniques les appellent "peintes". Elles sont utilisée aussi lors des attaques par surprise, pour intercepter parfois l'approvisionnement des navires ennemis et même pour espionner l'arrivée de ces derniers ou d'apprendre leur projets. Pourtant, pour que les navires de reconnaissance ne soient pas trahis par le scintillement, les voiles et les cordes sont peintes en bleu ce qui les approche de la couleur des vagues de la mer. La cire même, avec laquelle on cire les navires, est imprégnée de cette couleur. Les marins et les soldats eux-mêmes se mettent des habits bleus pour se faire plus facilement inaperçus, tout en effectuant leur reconnaissance, non seulement la nuit mais même pendant la journée."

La première observation à faire est que, par rapport à tous les autres auteurs qui la présente comme birème,[32] Végèce affirme que la liburne pouvait avoir deux, trois, quatre et même cinq rangs de rames. A une analyse plus attentive, on peut apprécier

---

32. Lucanus, *Phar.*, III, 529 534; Appion, *Illyr.*, 1, 7. Seulement dans *Suidae Lexicon*, A, 490, on dit que la liburne était un type de navire à trois rangs de rames, ce qui démontre encore une fois que les témoignages des auteurs anciens sont parfois contradictoires. Pour l'équivalence birème – dicrote et son influence sur l'identification du tel ou tel type de navire de guerre, J.S. Morrison, *The Mariner's Mirror*, 27, 1941.

que la non-concordance entre les informations des auteurs anciens du Haut-Empire et celles de Végèce trouve son explication. Selon notre opinion, à l'origine, la liburne était un bâteau léger, à deux rangs de rames, ce qui est déjà acceptée par la plupart des chercheurs.[33] Mais au fur et à mesure, non seulement grâce à sa popularité, comme on suggéra récemment,[34] mais surtout grâce aux qualités et à l'efficacité mises à l'épreuve sur mer,[35] ce nom désignait généralement un navire de guerre,[36] ce qui est en concordance avec le sens de la description de Végèce.

En résumant les considérations se rapportant à ce type de navire, on peut affirmer que la liburne était un bâteau de guerre léger, ayant de 26 à 28 rames de chaque bord (Fig. 12).[37] Le personnel d'une liburne légère comptait 56 rameurs, 6 matelots et 60 soldats marins, en total 122 hommes.[38] De la reconstitution proposée par H.D.L.Viereck, il résulte qu'une liburne légère était munie de deux ponts de liaison entre la poupe et la proue; les dimensions probables: longueur – 21 m; largeur – 3 m; tirant d'eau – 0,80 m.[39]

Plutarque (*Anton*, 67, 2), affirme que le navire possédait χατάστρωμα ou, *propugnaculum*, qui représentait la partie du milieu du parapet, composée de panneaux qui protégeaient le pont et surtout les rameurs du rang supérieur, aussi bien que les soldats.[40] Ce système de protection faisait que la liburne soit inclue dans les soi-disant *naves constratae*, en opposition avec *naves apertae*.

En revenant aux liburnes représentées sur la Colonne Trajane, il est nécessaire de montrer qu'on a récemment émis l'opinion qu'elles feraient partie d'une catégorie spéciale, appelées liburnes fluviales (Fig. 13). Ces liburnes, qui ne se distinguaient pas

---

33. J. Scheffer, *o.c.*, p. 76; S. Panciera, *o.c.*, p. 148; J. Rougé, *o.c.*, p. 135. Voir aussi les considérations de *CIL*, X, p. 1128, où l'on fait nettement la différence entre liburnes et trières, quadrirèmes, pentères et hexères. D'ailleurs, dans les inscriptions l'équivalent de la liburne en chiffres est toujours, II, tout comme V, qui était l'équivalent de la pentère.
34. L. Casson, *Les marins de l'antiquité*, Paris, 1961, p. 251-252.
35. Dans ce sens il est intéressant de citer le passage suivant de Végèce, *Epit.*, IV, 44: [...] *admotis liburnis, iniectis pontibus in adversariorum transeunt naves ibique gladus manu ad manum, ut dicitur, comminus dimicant.* (... en approchant leurs liburnes, en dressant des ponts, ils passent dans les navires des adversaires où ils luttent à l'épée, corps à corps, "de près", comme on dit). Voir aussi les commentaires de D. Schenk, *Flavius Vegetius Renatus. Die Quellen der Epitoma Rei Militaris*, Klio Beiheft, XXII, 1930, p. 74-75.
36. O.Höckmann, *Antike Seefahrt*. München, 1985, p. 113.
37. Il est important de citer l'idée d'un auteur tardif, Anonymus, qui concevait, dans *De rebus bellicis*, une liburne navigant sans rames et voiles, seulement par des pales agies par plusieurs paires de boeufs; voir S. Reinach, *RA*, 1922, p. 205-254. Bien qu'il soit peu probable qu'en antiquité eût été construit un pareil navire, l'effort technique respectif mérite à être retenu.
38. H.D.L. Viereck, *o.c.*, p. 35-36 et p. 8. En ce qui corncerne le commandant de la navire voir Vegece, *Epit.*, V, 2: *Singulae autem Liburnae singulos navarchos, id est, quasi navicularios habebant, qui, exceptis ceteris nautarum officiis, gubernatoribus atque remigibus et militibus exercendis, quotidianam curam et iugem exhibebant industriam.* (Or, chaque liburne avait un navarque c'est à dire un armateur lequel, outre les autres taches des matelots, des timoniers, des ramiers et des soldats, montrait tous les jours de la préoccupation et de l'application continue).
39. H.D.L. Viereck, *o.c.*, p. 32.
40. J. Scheffer, *o.c.*, p. 129-130, analysant largement ce terme. Pour *propugnaculum*, le parapet sur le pont, Végèce offre une information intéressante, V, 14: *In majoribus etiam Liburnis propugnacula turresque constituunt, ut tranquam de muro, ita de excelsioribus tabulatis facilius vulnerent et perimant inimicos* (Et sur les grandes liburnes ils placent des travaux de fortifications et des tours pour blesser et anéantir, plus facilement les ennemis, des ponts plus élevés, comme du haut d'un mur [...]).

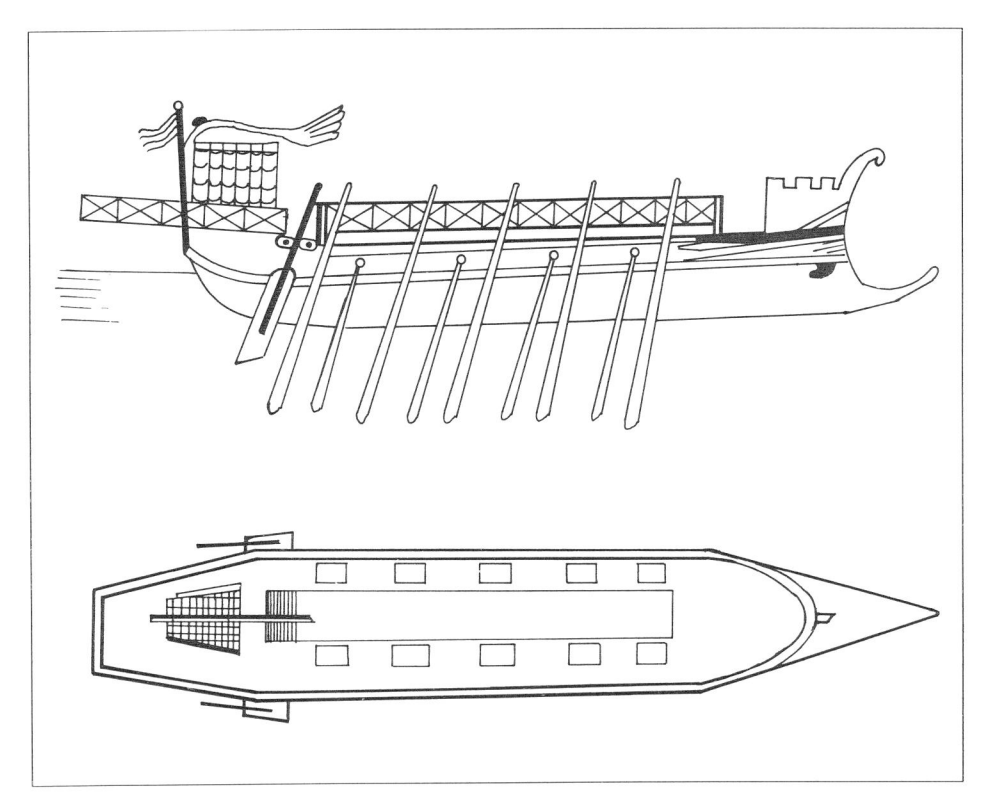

*Fig. 13 Liburne fluviale, reconstitution
(d'après H.D.L. Viereck, Flotte, p. 35)*

essentiellement de celles maritimes, avaient probablement les dimensions suivantes: longueur – 21 m; largeur – 3,3 m; tirant d'eau – 0,70 m.[41] L'hypothèse, confirmée aussi par les représentations des scènes de la Colonne, relève le fait très important que pendant I[e]–IIe siècle ap.J.C., et non seulement à l'occasion des guerres daces, la flotte mésique était dotée des bâteaux du type *liburna*, adaptés aux actions sur la fleuve. Certes, il est à supposer qu'en 101-106 ap.J.C. la *classis Flavia Moesica* eût été renforcée de plusieurs liburnes, plus que dans les périodes habituelles de paix, étant données les conditions militaires particulières de cet événement. Ces liburnes, comme nous allons le montrer dans un autre chapitre, eurent une contribution décisive, dans la campagne de l'été 102 ap.J.C. et elles se trouvaient dans la composition de la flotte mésique encore plus tard, selon les témoignages des inscriptions qui mentionnent une *liburna Armata*, à Noviodunum, et une *liburna Sagitta* à Chersonèse.[42]

Outre les liburnes, on ne connaît pas d'autres types de navires entrant dans la composition de la flotte mésique. On peut seulement supposer, à toute probabilité,

---

41. H.D.L. Viereck, *o.c.*, p. 36. Voir aussi la reconstitution d'une liburne fluviale, aussi bien que la discussion sur ce type de navire chez C. Craciunoiu, *Corabii strabune*, Bucuresti, 1983, p. 67-71.
42. *ISM*, V, 273; E.I. Solomonik, *Pamiatniki*, 189.

que sur le Danube furent employées, pour des buts militaires, deux genres d'embarcations dont le nom se retrouve dans la toponimie du rive droit du fleuve. Ainsi, la fortification de Ratiaria, la base de la flotte, prend son nom de *ratis* ou *ratiaria*, embarcation sur laquelle nous allons revenir ci-dessous. Dans la même situation se trouve aussi la localité Sexaginta Prista,[43] elle aussi base de la flotte, dont le nom peut être traduit par "Soixante navires". Il s'agit de ce type de navire appelé *pristis* ou *pistis*, avec la variante grecque πρίστις,[44] moins connue à l'époque impériale. Ce type de bâteau fut utilisé dès les guerres puniques,[45] surtout pour escorter et assurer la sécurité des convois.[46] Chez certains auteurs, *pristis* est assimilée souvent au *lembus*.[47] Etant donné que leur noms fut transmis à une localité danubienne, il n'est pas totalement exclu que les navires du type *pristis* eussent été employés par les Romains dans les buts exposés ci-dessus et eussent fait partie éventuellement, auprès des liburnes, de la *classis Flavia Moesica*.

Navires de transport

Sur la Colonne Trajane sont représentés neuf bâteaux de transport, dont huit nous interessent particulièrement, parce que le navire de la scène LXXXVII est présenté à l'occasion du voyage fait par l'empereur en Dacie, en 105 ap.J.C. et donc ne constitue pas l'objet de l'ouvrage présent.[48] Six des autres huit bâteaux peuvent être groupés dans une catégorie à part, celle des navires utilisés pour le transport des matériaux de guerre et des aliments (IIe, IIIe, XXXIIe, XXXe, XXXVe, XLVIIe scènes). Comme dans le cas des liburnes aussi, les navires de transport sont présentés presqu'identiquement. Bien plus, le conventionnalisme de la réalisation de ces bâteaux est plus évident encore par rapport à celui des liburnes. Ainsi, pour réaliser les navires de transport, l'artiste se contenta d'ébaucher seulement une silhouette de bâteau, la poupe et la proue arrondies et élevés toutes les deux au même niveau. Il est clair que l'artiste ne fut pas interessé à réaliser un certain type de navire de transport, qu'il ne connaissait probablement pas. Son intention, qui était seulement de distinguer les navires de transport de ceux militaires, se matérialisa dans l'esquisse du plus simple contour de bâteau symétrique. Pour donner plus de poids aux arguments artistiques, il présenta invariablement, dans chaque navire, un ou deux grands ballots suggérant les marchandises transportées. De ce qu'on vient de présenter il résulte qu'il nous est pratiquement impossible d'identifier les six bâteaux à ceu des types de navires de transport connus dans le monde romain.[49]

---

43. G. Seure, *RA*, 1915, p. 186-192; V. Velkov, *Epigraphica*, 27, 1965, p. 90-109. Pour l'étymologie du nom voire aussi les considérations de V. Beševliev, *Die lateinischen Ortsnamen in Moesia und Thracia*. Dans *Sbornik G. Kozarov*, II, Sofija, 1955, p. 285.
44. G. Seure, *o.c.*, p. 189.
45. Tite Live, 35, 26, 1; 44, 28, 2.
46. H.D.L. Viereck, *o.c.*, p. 79.
47. Polybe, XVI, 2, 9.
48. Bien qu'on garde seulement la partie arrière du navire, on peut dire avec exactitude qu'il s'agit d'un navire commercial maritime du type *corbita*, et non pas d'un navire de guerre, selon l'affirmation de I. Miclea, R. Florescu, *o.c.*, p.83, no.372.
49. Des embarcations très ressemblantes aux navires de transport figurés sur la Colonne Trajane, sont représentés sur la Colonne de Marc Auréle, scène LIX; voir C. Caprino, A.M. Colius, G. Gatti, M. Pallottino, P. Romanelli, *La Colona di Marco Aurelio*, Roma, 1955, p. 102, pl.XXXVII, fig.74,

Ce qui nous retient quand même l'attention, au navire de la scène II (à droite), c'est le système plus compliqué du gouvernail, assez rarement rencontré à l'époque romaine, qui résidait dans l'attachement de la rame directement à la partie arrière de la poupe et le maniement à l'aide de deux leviers.[50] La cabine de la poupe représente un détail intéressant, présent à tous les bâteaux en question. D'après la façon dont elle est présentée, nous pensons que cette cabine était utilisée également comme plate-forme pour le timonier.[51] Cette chose est mise en évidence par le parapet de poutres on croix qui borde la partie supérieure de la cabine, ce qui suggère la fonction de plate-forme,[52] comme on en trouve sur une représentation de navire de Ostia. Des formes semblables de bâteaux de transport sont représentés sur les mosaïques ou sur d'autre monuments des IIe–IIIe siècles ap.J.C.[53]

La scène XXXIV nous offre deux types de navires de transport plus spéciaux. Dans la partie supérieure de la scène se trouve un navire à rames, ayant une forme très proche des ceux présentés ci-dessus, c'est à dire plus arrondi (Fig. 14). A la poupe apparaît la cabine-plate-forme sur laquelle, cette fois-ci est représenté le timonier. Deux personnages font force de rames. Sur le pont se trouvent des ballots de marchandises. Presque tout le pont est occupé d'une cabine-abri à un toit de protection où l'on observe un objet suspendu (*lanterna*?).[54] Ces détails précisent la nature du navire. C'est, sans doute, un bâteau de transport, utilisé non seulement pour les marchandises mais aussi pour les voyageurs. Ce type de navire, qui se nommait *thalamegus* ou *cubiculata navis*,[55] est spécifique aux grands fleuves. Les bateaux du type *thalamegus* étaient employés particulièrement pour le transport des voyageurs sur les grands fleuves et on y avait installé des cabines confortables en vue des voyages de longue durée. On ne sait pas pour quelle raison apparaît un tel navire sur la route parcourue par les troupes romaines sur le Danube, en 102 ap.J.C., pour arriver en Mésie. On pourrait quand même supposer que ce *thalamegus* eût été utilisé par Trajan et sa suite.

En fin, en bas de la scène est présenté un bâteau pour le transport des chevaux des unités équestres, ayant participé à ladite campagne mésique, appelé *hippago*. Malheureusement, cette représentation ne nous apporte rien de nouveau en ce qui concerne le type de navire *hippago*, en fait, identique aux six bâteaux de transport présentés déjà, ce qui affirmit nos constatations quant au schématisme évident de la représentation des navires sur la Colonne. Ce ne sont que les deux chevaux sur le

---

50. Pour ce système de gouvernail, voir K. Schefold, *Boreas*, 5, 1982, p. 67–70.
51. M. Rostovtzeff, *SEHRE*, pl.XII, 1: peinture murale de Stabiae représentant un paysage portuaire.
52. *Ibidem*, pl.XXVI, 2.
53. G. Bovini, H. Brandemburg, *Repertorium der Christlich-antiken Sarkophage I Rom und Ostia*, Wiesbaden, 1967, p. 392, no.940, pl.150; M. Reddé, *MEFRA*, 91, 1979, p. 860, f.3; G. Becatti, *Scavi di Ostia IV*, Roma, 1961, nr.127; p. 219, no.411. Une représentation presqu'identique se trouve sur une mosaïque de Palestina; voir M. Rostovtzeff, *o.c.*, pl.L1, 2.
54. Selon l'opinion de C.G. Starr, *Navy*[2], p. 59, une telle *lanterna* indiquait le navire de l'amiral, *praetoria navis*.
55. *Cubiculata navis* fait partie, selon I. Pekary, *Boreas*, 8, 1985, p. 116, du type V (*navis fluminalis*). Pour le type de navire *thalamegues*, voir J. Rougé, *La navigation intérieure dans le Proche Orient Antique*, dans *L'homme et l'eau en Méditerranée et en Proche Orient III travaux de la Maison de l'Orient*, 11, 1986, p. 45–46 *Cf.* aussi A. Koster, *Seewesen*, p. 20.

Fig. 14 La Colonne de Trajan, scène XXXIV

pont qui nous édifient sur la fonctionnalité du navire. On peut même apprécier que, en analysant l'un des vaisseaux de la mosaïque d'Althiburus[56] et selon certaines reconstitutions essayées il y a quelques décennies,[57] notre navire ne respecte pas la forme du type *hippago*.

Une dernière information concernant les bâteaux de transport utilisés sur le Danube nous est fournie par la nouvelle lecture du papyrus Hunt,[58] 33e ligne: *in [n]avario ad naves frumentarias in is dec i [...]*. Nous apprenons qu'un détachement de soldats sous la commande d'un centurion est détaché dans un port, sans doute danubien, pour garder les navires chargés de blé, emmenés de quelque part, on ne sait pas d'où.[59] La datation du papyrus est encore difficile à établir parce qu'il manque exactement la partie qui assurait l'encadrement chronologique. Certains se sont arrêtés sur l'an 99

---

56. P.M. Duval, *MEFRA*, 61, 1949, p. 148.
57. C. de la Roncière, *Histoire de la marine française*, Paris, 1934, p. 21.
58. Publié d'abord par A.S. Hunt, *Register of a cohort in Moesia*, dans *Raccolta di scritti in onore di Giacomo Lumbroso*, Milano, 1925, p. 265-272, repris ensuite par H. Wilken, Archiv fur Papyrusforshung, VIII, 1927, p. 94-95 et par G. Cantacuzène, *RHSEE*, V, 1928, p. 38-74. Plus tard, O. Fink, *JRS*, XLVIII, 1958, p. 102-116, améliore visiblement la lecture du papyrus en employant des photographies réalisées par des rayons infrarouges.
59. R. Vulpe, *St.cl.*, II, 1960, p. 343.

*Fig. 15 Navis frumentaria, dans une mosaïque d'Ostia
(d'après M. Rostovtzeff, SEHRE, pl. XXVI, 2)*

ap.J.C. précédant les grands conflits daco-romains,[60] tandis que d'autres considèrent que le papyrus appartient soit à la période 105–108 ap.J.C.,[61] soit à la période 110–117 ap.J.C.[62] Récemment, selon une découverte épigraphique de Rasova,[63] la datation entre 105–108 ap.J.C. semble être confirmée. Dans ce cas, on peut supposer que les *naves frumentariae* mentionnés dans le papyrus ont été employés jadis, pendant la deuxième guerre, ou peut-être les premières années après. Les textes des auteurs anciens ne font pas de références à ces *naves frumentariae* (Fig. 15); en échange, grâce à une représentation sur une tombe d'Ostia,[64] nous apprenons quel était l'aspect de ce bâteau. La poupe et la proue étaient arrondies et sur la cabine plate-forme est représenté le timonier, *magister*. Tandis que deux personnages portent des sacs de blé de la rive, un autre, appelé *Abascantus*, probablement ce *mensor frumentarius*, surveille sur le pont la pesée des céréales. On a à faire à un navire se trouvant au service de l'annone semblable aux bâteaux mentionnés dans le papyrus Hunt, ceux qui se trouvaient sous la surveillance directe des unités militaires (Fig. 16).

Après avoir passé en revue les types de navires utilisés par les Romains aux Ier–IIIe siècles ap.J.C. sur le Danube, on remarque que toutes nos informations se circonscrivent à la période des années 101–106 ap.J.C., ou immédiatement après. Le problème le plus difficile est de savoir si l'on peut élargir cette déscription aux navires

---

60. O. Fink, *o.c.*, p.107; R. Vulpe, *o.c.*, p. 345.
61. R. Syme, *JRS*, XLIX, 1959, p .26–33.
62. A.S. Hunt, *o.c.*, p. 270; G. Cantacuzène, *o.c.*, p. 71.
63. A. Radulescu, M. Munteanu, *Dacia*, NS, XXV, 1981, p. 356–378.
64. Voir la note 52.

*Fig. 16 Navire mixte dans une mosaïque de Soussa - Tunisie
(d'après J. Rougè, Archaeonautica, 1984, p. 229, fig. 2)*

de guerre et de transport pour toute la période de l'activité de la flotte mésique. A notre avis, il est très probable que cette flotte eût eu dans sa composition des bâteaux qui apparaissent lors des événements de 101-106 ap.J.C. Certes, on pourrait objecter que, par la force des choses, au cours de ces guerres la flotte mésique disposa des escadres plus puissantes, pour faire face aux situations de combet: navires de guerre, navires pour le transport des troupes et des matériaux de guerre, navires de reconnaissance. Mais nous ne voyons aucun inconvénient si l'on suppose que la flotte mésique disposa, tout au long de son existence, aussi bien des liburnes, qui sont d'ailleurs attestées par les recherches épigraphiques que des bâteaux de reconnaissance et d'escorte. Ce n'est qu'avec de pareils effectifs navals que la *classis Flavia Moesica* pût exercer sa mission de défense à la ligne du Danube et du littoral de l'ouest et du nord de la Mer Noire devant les menaces venues du nord. Cette proposition est confirmée, comme nous le montrâmes déjà, par la répartition géographique des stations et des bases navales de la flotte.

2. *Types de navires utilisés sur le Danube aux IVe-VIe siècles ap.J.C.*

Navires de guerre.

Par rapport à l'époque du Principat, dans la période du Dominat se produisent certaines modifications en ce qui concerne les types de bâteaux de guerre composant les flottes romaines. Ces changements, déterminés probablement par l'émiettement du système défensif naval, concrétisé par l'apparition de plusieurs flottes, se reflète en ce qu'aucun type de navire specifique aux Ier-IIIe siècles ap.J.C. n'est plus mentionné dans la période qui avait suivi. Pendant les IVe-VIe siècles furent utilisés pour les actions militaires navales et pour surveiller le *limes* plusieurs types de navires. Nous allons les présenter par la suite dans une relative succession chronologique, sans avoir la certitude, dans le stade actuel de nos connaissances dont nous disposons, que cet ordre est absolument réel.[65]

Navis longa, dans la variante grecque, ναυς μεγάλη, employés exclusivement dans les actions militaires navales.[66] C'est d'ailleurs, la dénomination générique des navires de guerre, sans d'autres précisions concernant leur taille et leur efficacité, dénomination qui les distingait des *naves onerariae*, les navires de commerce. Les bâteaux longues sont mentionnés par Zosime lors d'une bataille navale de l'an 386, où se confrontent l'armée embarquée sur les navires,[67] commandée par Promotus, *magister militum* de Thrace et les Visigoths de Fritigern. Il est nécessaire de rappeler que le terme général de *navis* ou ναῦς apparaît dans plusieurs passages se rapportant aux événements de la deuxième moitié du IVe siècle ap.J.C.; comme on remarque, on ne dit rien sur un type quelconque, mais on indique seulement que les Romains disposaient de bâteaux de guerre.[68]

Trieris, navire de combat à trois rangs de rames. Une seule mention, celle de Themistios, nous suggère seulement, sans nous offrir des indications précises, que pendant la guerre avec les Goths, en 367-369, plus précisément, lors de la conclusion de la paix de 369, Valens disposait de trières.[69] Nous n'avons pas de connaissance sur l'aspect de ces trières ou sur la possibilité de leur utilisation pendant cette campagne, du moment que les trières étaient des navires spécifiquement maritimes.

Lembus, navire mixte, faisant partie de la catégorie de *naves actuarie*[70] et étant propulsé aussi bien par les rames que par une voilure composée de deux voiles.[71]

Lembus représentait en général un navire rapide de dimensions moyennes,[72] à multiples destinations: navire de liaison et de reconnaissance, navire qui assurait la sécurité des convois de vaisseaux, ou navire employé au transport des troupes, tel qu'il est présenté lors des guerres illyriennes de 229 et 214 av.J.C.[73] Selon les mentions

---

65. L'astérisque qui accompagne certains types de navires indique le fait qu'ils avaient aussi le rôle de navires de transport ou commerciaux.
66. Pour la description du modèle *navis longa,* voir I. Pekary, Boreas, 7, 1984, p. 183-184, Typentabelle Ia.
67. Zosime, IV, 39: "partirent contre eux avec les navires qui étaient grandes ...".
68. Ammien Marcellin, XXVII; 5, 9; Zosime, II, 21.
69. Themistios, d. X, 133-140: ... "L'Istros vit, sans le vouloir, ses rives unies par un pont, lorsque l'empereur passa sur l'autre rive pour mener la guerre. Quand il voulut conclure un traité de paix, le fleuve l'appuya et déploya son eau paisible devant les trirèmes qui portaient le message de paix". Ammien Marcellin, XXVII, 5, 9, en décrivant cette paix emploie le terme *navis.*
70. I. Pekary, *Boreas*, 8, 1985, p. 124 (Koordonirungstabelle). Il est difficile d'accepter l'opinion de l'auteur mentionné qui considère que *lembus* pouvait être aussi une *navis piscatoria*; voir *eadem, Boreas*, 7, 1984, p. 190 et l'identification forcée de la Typendabelle IVa.
71. *Lembus* est encadré par F. Miltner, *o.c.,* col.958-959 dans la catégorie des navires de reconnaissance mais aussi dans celle de navires commerciaux.
72. Isidore, *Or.*, XIX, 1: [...] *navicula brevis, qui alia appellationne dicitur et cumba caupulus, sicut et lintris, id est carabus* (..."un petit navire qui, par un autre nom, s'appelait "cumba" et "caupulus", comme d'ailleurs "lintris", c'est à dire "carabus"). Selon l'opinion de H.D.L. Viereck, *o.c.*, p. 77, les dimensions probables du navire étaient longueur = 30 m; largeur = 5 m.
73. Polybe, II, 10-11; Tite Live, XXXI, 45, XXXII, 121; XLII, 48. Pour des considérations supplémentaires voir A. Grosse, *RE*, XII, 1924, *s.v. Lembus*, col.1894-1896.

*Fig. 17 Musculus, représentation dans la mosaïque d'Althiburus
(d'après P.M. Duval, MEFRA, 1949, pl. I)*

de Tite-Live, le *lembus* était un bateau à deux rangs de rames.[74]

En tant que navire employé pour le transport des troupes on le rencontre à l'occasion des événements de 361 ap.J.C., lorsque Julien embarqua ses troupes sur ces *lembi*, pour descendre le Danube, jusqu'à la zone de Sirmium.[75] De ce passage ressort que le *lembus* était assez répandu dans ce secteur du fleuve, ce qui nous détermine à supposer que des navires pareils ont circulé aussi sur le cours inférieur du Danube, assurant le transport des troupes.

Musculus, bateau de moindres dimensions,[76] léger et rapide,[77] utilisé autant sur la mer que sur certains fleuves (le Rhône, le Danube) (Fig. 17).[78] Sur la mosaïque d'Althiburus, parmi les 25 silhouettes de navires, est représentée aussi cette embarcation.[79] Il s'agit d'un bâteau asymétrique, à la poupe surélevée et la proue recourbée, ayant la partie supérieure, *akrostolion*, terminée par une tête d'animal. La

---

74. Tite Live, XXIV, 40, *cf.* C. Torr, *o.c.*, p. 116.
75. Ammien Marcellin, XXI, 9: [...] *cumque ad locum venisset, unde navigari posse didicit flumen, lembis adscensis, quos opportune, fors, dederat plurimes per alveum (quantum fieri potuit) ferebatur acculto* [...] (...en arrivant à l'endroit où le fleuve était navigable, tous sont montés dans les navires qui par hasard étaient en grand nombre, et, tant qu'il fut possible, ils furent transportés sur le fleuve, tout en évitant d'être vus).
76. Isidore, *Or.*, XIX, 1, 14, la présente comme type de petit navire, en opposition avec les *naves longae: Longae naves sunt quas dromones vocamus, dictae eoquod longiares sint ceteris; cuius contrarius musculus, curtum navigium* (Les long navires sont ceux qu'on appelle "dromones", appelés ainsi pour ce qu'ils sont plus longs que les autres; son opposé est "musculus" type de navire plus court).
77. P.M. Duval, *o.c.*, p. 147.
78. Ch. Courtois, *Revue Historique*, 186, 1939, p. 220.
79. P.M. Duval, *o.c.*, *l.c.*

propulsion se réalisait à l'aide des rames.[80] En ce qui concerne la fonctionnalité de ce navire, les opinions sont partagées; certains le placent dans la catègorie des bâteaux commérciaux,[81] tandis que d'autres pensent que *musculus* faisait partie de la catégorie des *naves longae*.[82]

Cette dernière opinion est confirmée par un passage de la *Notitia Dignitatum Oriens* 39, 35, précisant que, parmi d'autres unités disloquées sur le *limes* scythique se trouvait aussi une appelée *musculi Scythici*. Au sujet de cette unité, nous avons récemment eu l'occasion de montrer qu'il s'agissait d'une unité navale, composée de bâteaux du type *musculus*, desservis par des marins recrutés de Scythie.[83] L'utilisation du type de navire *musculus* dans le cadre des flottes romaines de l'époque reflétée par la *Notitia Dignitatum* n'est pas singularisé pour le Danube.[84] Une situation similaire à celle que nous abordons se trouvait dans la Méditerranée occidentale, où la même *Notitia Dignitatum Occidentis*, 42, 16, mentionne une unité formée de soldats grecs qui servaient de tels *musculi*, nommée *milites musculariorum Massiliae Graecarum*, qui est certainement une unité navale, du moment qu'elle apparaît mentionnée immédiatement apres *classis fluminis Rhodani* et *classis barcariorum*.

Naves amnicae. Dans la *Notitia Dignitatum Oriens*, 40, 36, apparaît un *praefectus navium amnicarum et militum ibidem deputatorum*. Il est difficile à préciser le caractère de ce type de navire, sa fonctionnalité et sa taille, parce que les informations iconographiques manquent totalement et celles historiques ne sont pas significatives. A notre connaissance, seulement Isidor nous offre quelques détails sur ces *naves amnicae*, mais dans un passage où il s'agit d'un autre navire *trabaria*. Voici le texte d'Isidor, *Or.*, XIX, 1: *Trabariae amnicae naves quae ex singulis tribubus cavantur, quae alio nomine litorariae dicuntur*. La seule chose que nous apprenons donc est que *trabaria* était une *navis amnica*, mais il n'y a aucun détail concernant cette dernière. Il est possible qu'il se fût agi de petites embarcations, utilisées sur les fleuves, peut-être comme pontons aussi, comme nous allons le voir bientôt.

Tout ce qu'on peut dire pour l'instant sur *naves amnicae* est qu'elles formaient une unité navale mise sous la commande d'un préfet qui surveillait le Danube dans la zone de Durostorum, unité composé des embarcations sur lesquelles nous ne pouvons pas nous prononcer.

Navis lusoria, la plus légère unité de combat de la marine romaine. Ce type de bâteau est employé au Ve siècle ap.J.C. par les escadres fluviales et maritimes, là où l'on avait utilisé les liburnes. C'était un navire ouvert, à un seul rang de rames (*monereis*). Il était généralement destiné comme navire fluvial de lutte, dans le cas des attaques

---

80. La reconstitution d'un "musculus" réalisé par H.D.L. Viereck, *o.c.*, p. 84, d'après un bas-relief de Salerne, ne correspond pas à la réalité parce que ce navire est symétrique et a un mât. Or, la mosaïque d'Althiburus exprime clairement que *musculus* était un navire asymétrique à rames.
81. F. Miltner, *o.c.*, c.960.
82. I. Pekary, *o.c.*, p. 184.
83. O. Bounegru, *Precizari privind musculi Scythici*. dans *Studia, antiqua et archaeologica I Corolla memoriae Nicolae Gostar dedicata*, Iasi, 1983, p. 178-181.
84. Un navire du type *musculus* est attesté, iconographiquement, à Histria aussi, voir O. Bounegru, *Münstersche Beiträge zur Antiken Handelsgeschichte*, III, 2, 1984, p.8, no.11.

par surprise.[85] Il est étrange que *navis lusoria*, utilisé comme navire de guerre aux IVe–Ve siècle ap.J.C., était à l'origine un bâteau de transport muni de cabines pour les passagers,[86] assimilé à *navis cubiculata*.[87]

Les découvertes récentes de Mayence sont de nature a enrichir considérablement nos connaissances sur ce type de navire. En hiver 1981–1982 furent découvertes dans la localité citée 11 épaves des bâteaux fluviaux, dont certains se trouvaient dans un état de conservation exceptionnel. Quatre épaves (les numéros 1, 4, 7 et 9) furent identifiées comme *naves lusoriae*.[88] Les recherches entreprises montrèrent qu'il s'agissait de navires fluviaux, ayant la longueur d'environ 20 m, le rapport entre la longueur et la largeur étant de 6,7:1, rapport idéal pour un bâteau de guerre.[89] On essaya même la reconstitution d'une *navis lusoria*. Un tel bâteau était propulsé à l'aide d'une "voile latine" aussi bien qu'à l'aide des rames. L'épave numéro 1 démontra que *navis lusoria* en disposait de deux rangs comportant 13 rames chacun.[90] L'analyse dendrochronologique de l'épave numéro 1 établit que le navire avait été construite en 376 ap.J.C. et qu'il avait souffert des réparations en 385–394 ap.J.C.[91] On apprécie que *naves lusoriae* représentèrent le type standard de bâteaux fluviaux de guerre, légers, pas trop grands et très rapides.[92]

Dans la zone du Bas Danube ils sont mentionnés en 412, lorsqu'on construit outre deux autres types de navires que nous allons présenter ci-dessous, 90 *naves lusoriae* et on répare autres 10 bâteaux plus vieux.[93] Dans le même document on affirme que *limes Moesiacus* disposait de 100 *lusoriae*, tandis que sur le *limes Scythicus* étaient disposés 125 de navires pareils. Le grand nombre de *naves lusoriae* mentionnés dans ce texte suggère leur large dispersion dans la zone citée, elle représentant, sans doute, le gros du matèrie du combet des flotes romaines.

Navis agrariensis et *navis iudiciaria*, deux types de navires moins connus, apparaissant dans le texte cité ci-dessus. Le nombre est incomparablement plus réduit que celui

---

85. H.D.L. Viereck, *o.c.*, p. 75–76; I. Pekary, *Boreas*, 8, 1985, p. 124, situe cette navire en deux oeuvres: *navis longa* et *navis fluminalis* Cf. J. Scheffer, *o.c.*, p. 101–102.
86. J. Rougé, *Archaeonautica*, 4, 1984, p. 236.
87. Seneque, *De beneficiis*, 7, 20: *Cui triremes et aeratas non mitterem, lusorias et cubiculatas et alia ludibria in mari lascinientium mittam* (a celui-ci je n'enverrai pas de trirèmes et des navires de guere; je lui enverrai des navires d'agrément et de passagers et d'autres jouets des rois attendant sur la mer). Pour *navis cubiculata*, voir aussi Suetonius, *Caes.*, 52.
88. O.Höckmann, *Antike Welt*, 13, 1982, 3, p.40–47. Pour toutes ces découvertes, voir les rapports publiés par G. Rupprecht, *Die Mainzer Römerschiffe. Berichte über Entdeckung, Ausgrabung und Bergung*, IIIe ed., Mainz, 1984.
89. O.Höckmann, *o.c.*, p.44, f.6–7.
90. Idem, *Jahrbuch des Römisch-Germanischen Zentralmuseums*, 39, 1986, p. 386, fig.13. L'opinion de D. Kienast, *Untersuchungen*, p. 148–149, selon laquelle une *navis lusoria* était desservie par huit hommes tout au plus, est ainsi infirmée
91. O.Höckmann, *Antike Welt*, 13, 1982, p. 41.
92. *Ibidem*, p. 44.
93. *CTh.*, VII, 17, 1 (*De lusoriis Danubii*, 28 Janvier, 412): *Nonaginta recenti fabricatione contextes decem his adiectas ex veterum raparatione lusorias limiti Mysiaco, centum vere decem navas, additus, antiquorum instauratione quindecim Scythico, qui in latius diffusiusque porrigitur, sub hac deputari conditione sancimus, ut per singulos annos, veterum renovatione curanda, quatuor iudiciariae in Mysiaco limite et decem agrarienses, in Scythico vero quinque iudiciariae et duodecim agrarienses naves de integro constructae* [...]

des bâteaux du type *lusoria*. Ainsi, sur le *limes* mésique il y avait 4 *iudiciariae* et 10 *agrarienses* et sur le *limes* scythique, 5 *iudiciariae* et 12 *agrarienses*, ce qui pourrait témoigner de leur qualité de navires auxiliaires, complétant l'activité des vrais bâteaux de guerre, *lusoriae*. On a supposé, partant d'un passage de Végèce,[94] que les *naves agrarienses* devraient être les navires de surveillance, tandis que les *naves iudiciariae* auraient dû avoir le rôle de bâteaux de liaison.[95] Les decouvertes de Mayence mentionnées ci-dessus avaient mis en évidence un certain type de navire (l'épave numéro 3), ayant une longueur de 15 m, le rapport entre la longueur et la largeur étant de 4,8:1. Le navire avait la proue et la poupe arrondies. Sur la base des éléments constructifs, cette épave fut identifiée avec une *navis iudiciaria*.[96]

Dromon (δρόμων), le plus connu et le plus utilisé navire de combat byzantin, employé surtout au Xe siècle, mais dont le prototype apparaît dès le VIe siècle ap.J.C., et peut-être même avant.[97] A l'époque de Justinien, le *dromon* était un navire très répendu,[98] de dimensions moyennes,[99] à un seul rang de rames et un mât à "voile latine".[100] Le nom grec du navire suggère clairement sa rapidité en action.[101] Ce prototype évolua au fur et à mesure, pour devenir au Xe siècle un bâteau de guerre de grandes dimensions, pareil aux trirèmes de la période classique.[102] Grâce aux mentions détaillées des auteurs byzantins, nous sommes à présent dans la possession des précieuses informations concernant la forme, les caractéristiques techniques et la taille de ces navires. Brièvement, on peut souligner qu'à l'époque respective, le *dromon* était un grand navire de guerre à deux rangs de rames et 200 ramiers. Il y avait une plate-forme pour les timoniers et la liaison entre la poupe et la proue se faisait par trois longues passerelles, le bâteau n'ayant pas de pont. La proue était munie d'un *proembolion*,[103] le navire possédait, selon toutes les probabilités, deux mâts.[104]

Il convient de remarquer que les navires du type *dromon* furent utilisés au VIe siècle ap.J.C., donc à une époque où ils étaient encore de dimensions moyennes. Les *dromones* sont mentionnés lors de la rencontre entre Priscus et Baïan sur le Danube,[105]

---

94. Végèce, *Epit*, IV, 46: [...] *de lusoriis quis in Danubio agrarias cotidianis utuntur excubiis, reticendum, puto, quia artis amplius in his frequentior usus invenit, quam vertus doctrina monstraverit* (... sur les navires de reconnaissance qui sont utilisés sur le Danube dans les gardes quotidiennes je pense qu'il n'est plus le cas d'en parler parce que leur fréquente utilisation a offert plus d'art qu'avait montré l'ancien apprentissage).
95. H.D.L. Viereck, *o.c.*, p. 76. L'opinion que *naves agrarienses* étaient des navires de surveillance avait été formulée depuis longtemps; voir D. Kienast, *o.c.*, p. 144, n.71.
96. O. Höckmann, Archäologisches Korrespondenzblatt, 12, 1982, 2, p. 238-240, fig. 2-4.
97. Pour Isidore (*Or.*, XIX, 1, 14, *dromon* est assimilé aux navires de guerre. Au VIè siècle apr.J.C. l'équipage d'un tel navire était composé de *dromonarii*, dirigés par un *praepositus dromonariorum*; voir W. Ensslin, *RE*, Suppl., VIII, 1956, *s.v. Praepositus*, col.542.
98. Procope, *Bell.Vand.*, 1, 11; *idem, Bell.Goth.*, III, 18.
99. H.D.L. Viereck, *o.c.*, p. 73, propose les dimensions suivantes pour ce type de navire au VIè siècle apr.J.C.: longueur – 28 m; largeur – 4,30 m; tirant d'eau – 0,90 m.
100. J. Scheffer, *o.c.*, p. 98-99.
101. Cf. aussi A. Assmann, *RE*, V, 1905, s.v. Dromones, col.1716.
102. Une discussion de 'taille' sur ce sujet: R.H. Dolley, *JRS*, XXXVIII, 1948, p. 47-53.
103. *Ibidem*, p. 49-50.
104. *Ibidem*, pl.V, où est représenté le modèle d'un *dromon*, à l'échelle 1:100.
105. Thephanes Confesseur, p. 276, 22-34, De Boor: En apprenant cela, Priscus se rendit dans une île de l'Istre, prit des navires rapides et arriva à Constantiola, désirant le rencontrer.

en 598, aussi bien que dans un passage moins édifiant de Theophanes Continuatus, V, 9 (p.357, 22–23). Bien que les informations concernant la présence de ces *dromones* sur le Bas Danube soit assez pauvres, on peut bien supposer qu'ils furent également utilisés lors des différents événements militaires du VIe siècle ap.J.C.

Πλοῖα δίαπρυμνα, navires de guerre du VIe siècle ap.J.C., à l'égard desquels il est dificile de formuler quelque opinionm,[106] que nous rencontrons dans une narration de Theophanes Confesseur. En parlant de l'invasion des *Koutriguers* au sud du Danube, en 559 ap.J.C., cet auteur montre que Justinien I disposa qu'on renforce la flotte danubienne par la construction de ces bâteaux.[107] Nous pensons qu'on ne peut pas accepter la traduction récente[108] du nom de ces navires par "navires à deux poupes". A notre avis, Theophanes Confessor eût pensé à un type de vaisseaux ayant les deux parties – de devant et de derrière – arrondies, ce qui lui donnait l'aspect de navire à "deux poupes". De cette façon, la traduction probable peut être *navires à poupe d'un côté et de l'autre* (c'est à dire en avant et en arrière). L'auteur mentionné fit cette distinction parce qu'un navire de combat devait avoir la proue recourbée vers l'intérieur.[109]

Navires de transport.

Dans leurs actions militaires de la zone du Danube, les Romains ont employé, sauf les navires de combat, des bâteaux de transport qui assuraient l'approvisionnement des armées, ou le passage des troupes d'un côté et de l'autre du fleuve. C'est toujours dans cette catégorie de navires qu'on peut inclure aussi les embarcations à l'aide desquelles on réalisait les ponts de vaisseaux.

Navis fluminalis (ποταμία ναῦς), catégorie de navires de transport employés sur les grands fleuves.[110] Pour le Bas Danube, on trouve une mention intéressante sur l'emploi de ces bâteaux chez Zosime. En parlant des préparatifs de Valens dans la vue de la campagne des années 367–369, il montre que le préfet du prétoire, Auxonius, se préoccupa de l'approvisionnement de l'armée, par sa disposition qui exigeait que les matériaux nécessaires aux troupes soient portés sur la mer jusqu'aux bouches du Danubes et de là, transportés à l'aide des bâteaux fluviaux jusqu'aux villes de la rive du fleuve.[111]

Le même auteur raconte, à l'occasion de la campagne de Theodosius en Dobroudja, en 386, que l'armée de Priscus disposait de bâteaux fluviales, utilisés avec habileté au cours des opérations militaires.[112]

Ὁλκάς, navire de transport de grandes dimensions; sous cette appellation sont

---

106. J. Scheffer, *o.c.*, p. 51.
107. Theophanes Confessor, p. 234, 7–12, De Boor: ... D'ailleurs l'empereur ordonna qu'on construise des navires pour aller au Danube et affronter en combat les Barbares qui essayaient de passer.
108. *Fontes*, II, p. 601.
109. O. Bounegru, *Pontica*, 16, 1983, p. 278.
110. Pour les divers types de navires inclus dans la catégorie des *navis fluminalis*, voir I. Pekary, *o.c.*, p. 111–123.
111. Zosime, IV, 10: Il se donnait de la peine pour que l'approvisionnement se réalise transport par le Pont Euxin aux bouches de l'Istre et de là, à l'aide des navires fluviaux, soit déposé dans les villes de la rive du fleuve, de sorte que l'armée puisse s'approvisionner sur place.
112. *Ibidem*, IV, 35.

désignés, dès le V⁰ siècle av.J.C., les bâteaux commerciaux et de transport,[113] étant souvent assimilés à cette ναῦς φορτηγὸς, qui représente la variante grecque de la bien connue *navis oneraria*.[114] Parfois, ces ὁλκάδες étaient liés et tractés par les navires de guerre, pour transporter des troupes.[115]

On ne peut malheureusement pas savoir quel était l'aspect de ces bâteaux, mais en tenant compte de leur synonymie avec ces *naves onerariae*, on peut supposer qu'ils étaient de gros navires de transport propulsés à l'aide des voiles.

Ces bâteaux furent largement employés sur le Danube dès l'époque hellénistique,[116] mais aussi plus tard encore.[117] Au VI⁰ siècle ap.J.C., les navires du type ὁλκάς sont mentionnés à l'occasion des actions militaires où il était nécessaire de transporter des troupes ou de traverser le fleuve. Ainsi, Menander Protector précise qu'en 578, lorsque Baïan se laissa convaincu par Joannes, le gouverneur de la Illyrie de lutter contre les Sclavines, les troupes avares sont dirigées en Dobroudja, par les Byzantins, à l'aide de ces bâteaux.[118]

Un autre auteur, Theophilact Simocata, mentionne dans deux passages l'emploi de ces navires dans les actions militaires sur le Danube. Dans le premier passage, ὁλκάδες, sont mentionnés à l'occasion des luttes de Priscus de l'an 596 avec les Avars qui avaient occupé Singidunum,[119] et le deuxième, quand il décrit la fuite de Maurice[120] sur le Danube, en 602. Ce qui nous semble étrange c'est le fait que dans les deux recits l'auteur cité affirme que les navires du type ὁλκάς, sont appelés d'habitude δρόμωνα.

Il est exclu que les bâteaux du type ὁλκάς eussent été utilisés en même temps comme navires de guerres, du moment qu'on n'a aucune indication dans ce sens. Il est douteux aussi que Theophilact Simocata eût confondu les deux types de bâteaux. La seule explication serait que cet auteur, en ayant l'intention de souligner la rapidité des navires du type ὁλκάς, les assimile aux δρόμωνα. Πορθμίς est un type d'embarcation très peu connu.[121] Si l'on part de l'étymologie du terme on peut seulement préciser qu'il s'agit d'un navire de transport, comme Pausanias laisse comprendre, dans un passage qui, malheureusement, ne nous offre aucune indication au sujet de ce type de navire.[122]

Lors des événements de 602 est mentionnée la demande de Bonose vers Petrus,

---

113. Herodote, VII, 25: Tucidide, II, 91, 3 et surtout le livre IV. *Cf. Suidae Lexicon*, O, 171, S.
114. J. Scheffer, *o.c.*, p. 256.
115. *Ibidem*, p. 257.
116. Apollonios de Rhodos, IV, 283.
117. Claudius Aelianus, *De natura animalium*, XIV, 26.
118. Menander Protector, 48: Celui-ci arriva en Péonie et déplaça Baian et les troupes des Avars sur la terre romaine, en transportant au-delà du fleuve les foules barbares dans de grands navires.
119. Theophilacte Simocata, VIII, 10, 3.
120. *Ibidem*, VIII, 9, 7: "Juste à minuit Mauricius quitta son manteau impérial, mit des habits communs, fit venir à la rive un navire rapide que le grand peuple appelle habituellement dromon ...."
121. *L.S.J.* p.1449; *Suidae Lexicon*, Π, 2073.
122. Pausanias, VIII, 25, 13. Pour une autre signification de ce terme, voir Dioniysios Periegeta, 80, dans *GGM*, II, p. 108. F. Miltner, *o.c.*, col.960, encadre ce type de navire dans la catégorie des navires commerciaux.

pour qu'on envoie de pareils bâteaux, à l'aide desquels les troupes pouissent être passées au-delà du fleuve.[123]

Ἀμφιπρύμνος, ce type de navire, mentionné une seule fois par Menander Protector, est pratiquement inconnu.[124] A l'occasion de la campagne de 578 déjà citée, après avoir passé le Danube en Dobroudja, Baïan traverse le fleuve avec toute l'armée pour arriver en Valachie.[125] Le passage se déroula à l'aide des soi-disant ἀμφιπρύμνοις. Il est difficile à supposer quel genre de navires étaient ces derniers.[126] La seule explication serait que ce terme qui ne désigne pas un certain type de bâteau, se réfère en fait à sa forme. Tout comme πλοῖα δίαπρυμνα, ἀμφιπρύμνος était probablement une embarcation dont la proue avait la forme arrondie de la poupe, d'où la similitude entre les deux extrémités du navire. Etant donné la forme du navire, on a même supposé qu'il avait deux rames-timons (*gubernacula*) à la proue et deux autres à la poupe, ce qui lui permettait de changer facilement la direction pendant la marche.[127] C'est ce qui supposait que le navire soit propulsé exclusivement à l'aide des rames.

Plateypegia, sont des navires à fond plat, construits spécialement pour pouvoir pénétrer dans les eaux peu profondes du delta du Nil.[128] Grâce aux nombreux modèles en argile ou en bois découverts en Egypte, on a pu reconstituer dans les moindres détails ce genre particulier de bâteau.[129] Les reconstitutions nous présentent un navire léger, à fond plat et les bords verticaux, ayant la poupe plus élevée par rapport à la proue. Le navire avait un mât à "voile latine", aussi bien qu'une grande cabine en arrière.

Le nom de ce type de navire apparaît, comme nous l'avons déjà montré, dans la *Notitia Dignitatum Oriens*, 39, 35, passage qui fut interprété différemment. Certains auteurs pensent que cet *Inplateypegiis* représente un toponyme,[130] alors que d'autres considère qu'il s'agirait d'une unité navale formée de pareilles embarcations, nommée le *classis in plateypegiis*.[131] A notre avis, la première hypothèse est plus plausible. Il est probable qu'une localité, *Plateypegia*, située quelque part dans le Delta, eût pris son nom, tout comme *Ratiaria* et *Sexaginta Prista*, du nom de ce type de bâteaux, qui eussent circulé au cours du IVe siècle ap.J.C. dans cette zone.

Ponts de bateaux

Le passage des troupes et des matériaux de guerre à travers le fleuve se réalisait à l'aide des ponts de bateaux, faits par l'attachement, bord à bord, de plusieurs embarcations spécialement construites dans ce but, appelées *ratis* (σχεδία). Les

---

123. Theophilacte Simocata, VIII, 5, 11: Dans la lettre, il demandait qu'on envoie des navires pour que les troupes romaines puissent passer le fleuve.
124. *Suidae Lexicon*, A, 1756.
125. Menander Protector, 48: "Là-bas, il se prépara de les faire passer de nouveau l'Istre dans les soi-disant "navires aux timons tout autour".
126. La traduction de *Fontes II*, p. 519, n'est pas adéquate.
127. J. Scheffer, *o.c.*, p. 147.
128. R. Rémondon, Revue Philologique, 28, 1954, 2, p. 119 et suivantes.
129. Voir une telle reconstitution chez C. Craciunoiu, *o.c.*, p. 73 (d'après B. Ländstrom).
130. D.M. Pippidi, *St.cl*, VII, 1966, p. 330–332; cf. aussi O. Fiebiger, *RE*, III, 1899, s.v. *Classis*, col.2647.
131. A. Aricescu, *St.cl.*, XVII, 1976, p. 161.

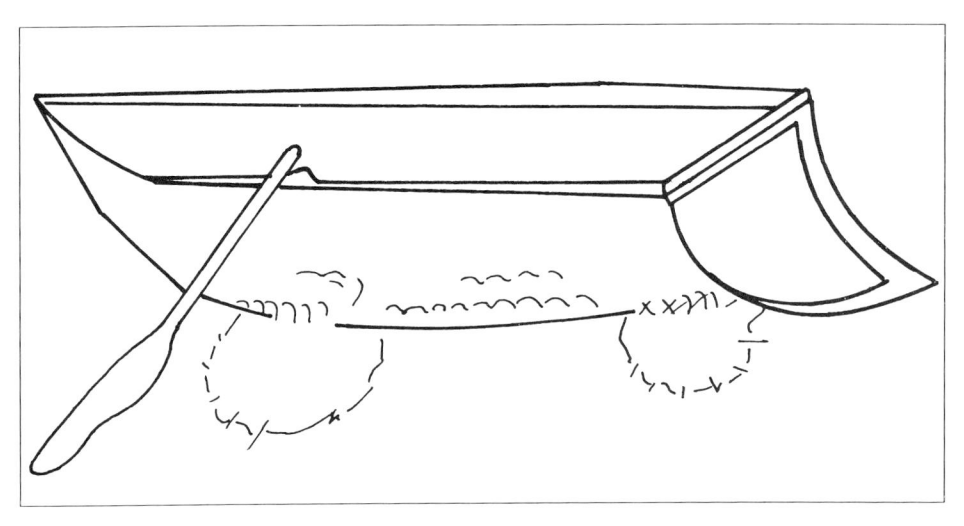

*Fig. 18 Ratis, représentation dans la mosaïque d'Althiburus
(d'après P.M. Duval, MEFRA, 1949, pl. I)*

informations d'ordre historique[132] complétées par la représentation valeureuse de la mosaïque d'Althiburus,[133] définissent ce type d'embarcations. Au début, *ratis* était probablement un assemblage de poutres, un radeau (*tigna colligata*), plus tard évoluant lentement, devenant une embarcation-radeau, avec sa partie supériure réalisée des planches assemblées,[134] qui puisse servir à la construction d'un pont à travers un cours d'eau. A l'époque romaine ces *ratiariae* étaient fréquemment utilisées lorsqu'il était nécessaire que les troupes traversent des fleuves ou des rivières (Fig. 18).[135]

Comme on connaît, sur les reliefs de la Colonne Trajane il y a deux représentations de ponts de bâteaux. La première, la scène IV, représente le pont sur lequel passèrent les troupes romaines en 101 ap.J.C. Ce pont est composé de mêmes navires présentés de manière conventionnelle, identiques à ceux des scènes II et III, avec une cabine-plat-forme à la poupe. La superstructure du pont est représentée par le parapet de poutres, séparé de la balustrade des cabines. A notre avis, les navires qui composent ce pont n'ont rien en commun avec les vraies embarcations du type *ratis* qui, entre autres, n'avaient pas de cabine à la poupe.

On a récemment émis l'hypothèse selon laquelle dans cette scène est représenté

---

132. Isidore, *Or.*, XIX, 1, 9: *Rates primum et antiquissimum navigii genus, e rudibus tignis asseribusque consertum; ad cuius similitudinem fabricatae naves ratiariae dictae. Nunc iam rates abusive naves; nam proprie rates sunt conexae invicem trabes* (Les radeaux représentent le premier et le plus ancien moyen de navigation, formé du bois grossier et des poutres; à leur image, furent réalisés les navires appelés "ratiariae". A présent, les radeaux sont déjà nommés abusivement "navires"; parce que les radeaux sont, en fait, des poutres liées ensemble). En tant que navire de transport, *schedia* est mentionnée épigraphiquement en Égypte (*CIL*, III, 12046).
133. P.M. Duval, *o.c.*, p. 138, no. 14.
134. E. de Saint-Denis, *o.c.*, p. 18-19.
135. Caesar, *De bello gallico*, I, 25, 6; 26, 1; VI, 35, 6; Tite Live, XXI, 28, 6-10.

un double pont de bâteaux.[136] En réalité, comme on peut observer, il s'agit d'un pont composé de deux tronçons, unis probablement par une île, visible sur cette présentation.

La deuxième représentation se trouve sur la scène XLVIII évoquant les événements militaires qui eurent lieu après le retour de Trajan de la campagne de Mésie, lorsque les troupes traversaient un cours d'eau, probablement, mais pas sûrement, le Danube.[137] Par rapport au premier pont de bâteaux, le deuxième est plus proche de la réalité. Les embarcations représentées sont arrondies aux extrémités, sans cabine, qui peuvent être identifiées aux *ratiariae*. Le tablier nous apparaît discontinu, avec les deux côtés en perspective et la balustrade de poutres en croix. Comme nous l'avons déjà montré, le but des représentations de la Colonne étant celui de poursuivre le fil des événements des années 101–106 ap.J.C., il est explicable que les détails omis par les artistes, à bon conscient ou même sans le savoir, soient si abondants.[138]

Pour l'époque du Dominat il y a quelques mentions sur le passage du fleuve sur les ponts de bâteaux, où ces derniers sont décrits à l'aide des expressions d'ordre général. Ainsi est donc rappelé le pont de navires de *Constantiniana Daphné*, passé par Valens en 367 ap.J.C.[139] Le pont que le même empereur construit en 369 à Noviodunum est composé de *naves amnicae*.[140]

Dans deux autres passages sont mentionnés des ponts de bateaux réalisés des navires du type *ratis* =σκεδία, chez Ammien Marcellin, lorsqu'il décrit les événements de 378 ap.J.C.[141] et chez Theophilact Simocata qui, en présentant l'expédition de Priscus et de Comentiolus contre les Avars de la zone de Viminacium, montre que les Romains passèrent le fleuve à l'aide τάς λεγομένας σχεδίας.[142]

De ce qu'on a pu observer, les escadres romaines du Bas Danube bénéficièrent, tout au long de leur existence, de nombreux types de navires qui puissent faire face à toute situation: bâteaux de guerre légers et lourds, navires de reconnaissance et d'escorte, navires de transport, dont certains spécialisés pour divers catégories de marchandises, d'autres pour des passagers et, en fin, des embarcations pour la construction des ponts de bateaux. Tous ces navires contribuaient non seulement à surveiller en permanence la ligne du Danube, mais aussi à défendre effectivement le limes.

Si dans l'époque du Principat on n'utilisa que quelques types de bâteaux, mais bien efficaces en bataille, au IVe–VIe siècle ap.J.C., plusieurs types en font leur apparition, certains entre eux moins connus, qui devaient remplacer l'organisation navale rigoureuse de l'époque précédente.

---

136. I. Miclea, R. Florescu, *o.c.*, p. 60, no. 9–10.
137. E. Petersen, *o.c.*, p. 54–59 et L. Rossi, *o.c.*, p. 158, considèrent que le passage du Danube s'effectua à Drobeta.
138. Mais sur la Colonne de Marc Aurélien il y a une représentation beaucoup plus réaliste d'un tel pont de bateaux (scène III); voir C. Caprino, A.M. Colini, G. Gatti, M. Pallottino, P. Romanelli, *o.c.*, p. 82, pl. IV, fig. 2.
139. Ammien Marcellin, 21, 5, 2: [...] *pontesque contabulato supra navium foros flumen transgressus est.*
140. *Idem*, 27, 5, 6: [...] *per Noviodunum navibus ad transmittendum amnem conexis.*
141. *Idem*, 31, 5, 3: [...] *ratibus transiere male contextis castraque a Fritigerno locavere largissime.*
142. Theophilacte Simocata, VIII, 1.

TYPES DE NAVIRES ET DEBARQUES UTILISÉS AU BAS-DANUBE ET À LA MER NOIRE

Ier–IIIe siecles ap.J.C.			IVe–VIe siecles ap.J.C.		
Navires de guerre	Navires de transport et d'approvisionnement	Ponts de bâteaux	Navires de guerre	Navires de transport et d'approvisionnement	Ponts de bâteaux
liburna pristis/pistis	thalamegus (cubiculata navis) hippago caudicaria corbita linter (carabus) lenunculus frumentaria	ratis/ rataria	lusoria agrariensis iudiciaria dromon navis longa trieris? lembus musculus plateypegia	navis fluminalis olkas portmis amphiprimnos	ratis/rataria amnica (trabaria)

Ports et Amenagements Portuaires

En vue de leur bon fonctionnement, les escadres romaines avaient à leur disposition des bases navales appropriées. Ces bases étaient crées dans des endroits favorables, sur les côtes des mers, dans les zones où se trouvaient des bassins naturels qui étaient aménagés, à l'intention du stationnement et de l'approvisionnement des flottes; on y avait construit des digues et des quais, des phares, des remises, des dépôts, des chantiers navals et de réparation des navires, des édifices destinés aux commandants et aux troupes, à l'administration et aux techniciens.[1]

D'ailleurs ce sont les bases des flottes prétoriennes, la *classis Ravennas* avec le grand port de la zone nommée la *fossa Augusta*[2] et la *classis Misenensis*[3] qui bénéficiaient de telles installations et bassins portuaires, mais aussi les grands ports, tels Ostia, Puzzoli, Forum Julii et encore d'aurtes (Fig. 19).[4]

Les bases navales des flottes provinciales étaient constituées par des aménagements portuaires plus modestes. La principale cause de cette situation est le fait que les escadres provinciales étaient formées d'un nombre restreient de navires, quelques-uns d'entre eux de moindres dimensions (telles les flottilles fluviales), qui ne necessitaient pas d'installations très compliquées.[5] Bien entendu, dans cette situation se trouvaient également, les bases militaires navales de la flotte mésique qui, si l'on

---

1. M. Bollini, *Antichità*, p. 44–46.
2. Quelques études révélatrices aérophotogramétriques à l'égard de la zone du port de Ravenne sont incluses dans le volume *Couvegno per lo studio della Zona archeologica di classe a mezzo dell'aerofotografia*, Faenza, 1962. Voir aussi A. Rancuzzi, G.B. Montanari, *Bollettino Economico della Camera di Commercio, Industria, Artigianato e Agricoltura di Ravenna*, 3, 1969, p. 3–9.
3. M. Bollini, *o.c.*, p. 50–53, fig. 11.
4. O. Testaguzza, *Portus, Illustrazione dei porti di Claudio e Traiano e della città di Porto a Fiumicino*, Roma, 1970; G.Ch. Picard, *Latomus*, 18, 1951, 1, p. 23 etc; *idem*, *BCH*, 76, 1952, p. 61–95. Pour tous ces ports, comme pour d'autres ports méditérrannéens voir l'ouvrage classique de K. Lehmann-Hartleben, *Die Antike Hafenanlagen des Mittelmeeres*, *Klio*, 14, Leipzig, 1923. *Cf.* et H.D.L. Viereck, *Flotte*, p. 260–273, mais surtout J. Rougé, *Recherches*, p. 107-173. Récemment on a étudié à Thasos le port militaire, doué de phares et de tours; voir A. Archontidiou, J.J. Empereur, *BCH*, 111, 1987, 2, p. 622-624, fig. 4-5.
5. M. Bollini, *o.c.*, p. 54.

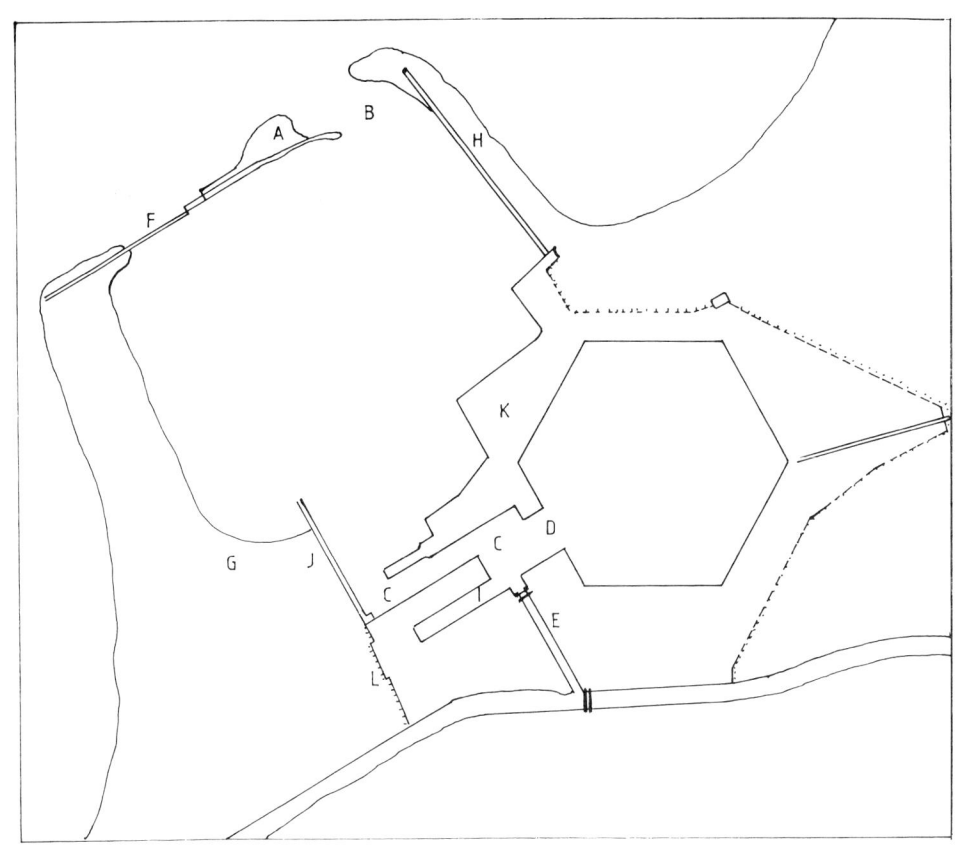

Fig. 19 Plan du port d'Ostia (d'après H.D.L. Viereck, Flotte, p. 236)

tient comptede la distinction proposée[6] récemment, peuvent appartenir à deux catégories: celles situées à la mer et celles du cours inférieur du Danube.

1. Ports maritimes

Les ports maritimes des villes grecques du littoral de la Mer Noire, situés dans la zone d'action de la flotte mésique, étaient sans doute autant de bases militaires de celle-ci, ou au moins des points d'approvisionnement et de contrôle. Cependant il faut souligner dès le début que toutes nos connaissance sur ces bases militaires navales se réduisent à quelques découvertes archéologiques plus ou moins isolées. Les informations historiques et épigraphiques sont lacunaires et bien de fois insignifiantes et les recherches géomorphologiques et sousaquatiques des zones portuaires soubmergées ne peuvent pas nous offrir pour le moment des informations importantes sur les ports antiques, d'autant moins sur les bases des flottes romaines de ces régions.

---

6. *Ibidem*, p. 54–55.

Dans ce contexte il est facile à comprendre que certaines recherches sur le terrain, plus anciennes ou plus récentes, corroborées aux quelques informations épigraphiques et avec plusieurs recherches soubaquatiques, ne sont capables de nous offrir qu'une image d'ordre général sur les ports du littoral, sans faire des références spéciales aux éventuels aménagements portuaires à caractère militaire.

Parmi les ports maritimes des colonies grecques du littoral de l'ouest du Pont Euxin, celui *Callatis* est significatif du point de vue de la possibilité de connaître son emplacement et son système de construction. A la fin du siècle passé et pendant les premières décennies du nôtre siècle, on pouvait encore remarquer une digue qui prolongeait dans les eaux de la mer le côté nord de la muraille de l'enceinte, vers l'est et qui en se dirigeant ensuite vers le sud, jusqu'à l'embouchure du lac Mangalia, formait un grand bassin d'ancrage situé devant l'actuelle falaise de la ville.[7] Dans la zone de l'actuel port de Mangalia, devant le canal qui reliait le lac au même nom à la mer, on a signalé la présence d'une grande digue en pierre, parallèlement à la rive, disposé en zig-zag, qui avait le rôle double de protéger le refuge des navires dans l'actuel lac Mangalia et d'empêcher l'envasement du rivage respectif.[8]

Les recherches sous-aquatiques effectuées par V.Cosma ont réussi à préciser que la digue, plaquée d'un pavage réalisé de dalles de 0,60 sur 0,60 m et fixées au mortier, s'étend sur environ 1600 mètres. Cette digue barrait l'accès vers le bassin portuaire, et laissait seulement deux voies de communication avec la mer orientées vers le nord et respectivement vers le sud.[9]

A la suite de prospections subaquatiques effectuées par C. Scarlat dans la même zone, on a trouvé plusieurs digues et quais aux orientations différentes.[10] La reconstitution du port antique de Callatis que l'auteur ci-dessus propose, met en évidence l'existence de deux enceintes portuaires: l'une extérieure, protégée par les digues de large, placée devant l'actuelle falaise de Mangalia et l'autre intérieure, dans la zone de l'ancien golfe qui forme aujourd'hui le lac au même nom. A l'intérieur de ces deux enceintes il y a les traces des constructions antiques à pavées, à dalles de pierre, mais également de nombreux fragments de céramique hellènistique et romaine. Il est à remarquer l'ingéniosité de l'orientation des digues du port antique, ce qui

---

7. M. Gramatopol, *Revista Muzeelor*, III, 1966, 4, p. 334; O. Tafrali, *Arta si Arheologia*, I, 1927, p. 18. Egalement intéressante est une observation du P. Polonic (mss. 8, cahier 10, feuille 3), qui note: "A la proximité de l'église grecque (de Mangalia – n.n.) il y a, près de la mer, des traces d'un quai fort qui s'avance parallèlement au bord de la mer et qui a une longueur de 50 mètres, construit de grands blocs en pierre (1,50/ 2 m sur 0,80 m)". Aujourd'hui ces traces de maçonnerie sont plus visibles.
8. M. Gramatopol. *o.c.*, p. 333; O. Tafrali, *o.c.*, p. 19. La digue était encore visible au Moyen Age, d'après ce qu'il résulte des notes de Waleyrand de Wavrin (*Calatori straini despre Tarile Romanesti*, I, 1968, p. 82) et de celles d'Evlia Celebi (*Ibidem*, V, 1976, p. 381).
9. V. Cosma, *BMI*, XLII, 1973, 1, p. 32–35, fig. 5. L'avis de l'auteur est que cette construction ne peut pas être antique si l'on part de la constatation que le bassin déterminé par l'actuel rivage et par la digue totalisait 105 hectares, donc une telle superficie portuaire aurait de beaucoup dépassé la taille des ports antiques. L'hypothèse n'est pas crédible, parce qu'un port de 100 hectares comme celui de Callatis ne constituait qu'un port de petites dimensions par rapport aux grands ports, comme celui de Ravenne, qui avait une superficie de plus de 400 hectares; voir G. Schmidt, *Contributo della fotografia aera alla ricostruzione geografico-topografica di Ravenna nell'antichità*, dans *Convegno per lo studio della zona archeologica di Classe*, p. 73–76.
10. C. Scarlat, *AMN*, X, 1973, p. 23–51.

assurait un dragage naturel permanent, contre l'envasement du port.[11]

En ce qui concerne l'unique source épigraphique sur le port de la cité, comme elle datait de l'époque hellénistique,[12] on a pu supposer à un certain moment qu'elle démontrât l'existence d'un μεγάλως λιμήν à Callatis, séparé du petit port du devant de la cité.[13] Cependant l'hypothèse proposée se heurte à l'inconvénient assez important que l'endroit de la découverte de l'inscription pourrait être dans la même mesure Callatis et Tomis.[14]

Beaucoup plus importante du point de vue du caractère et des dimensions du port de Callatis, est l'information transmise par Arrien, qui précisait que c'était à Callatis qu'existait un ὅρμος,[15] terme qui à l'Antiquité désignait un port naturel.[16] Il nous semble possible que par ce terme Arrien eût désigné la baie naturelle qui aujourd'hui forme le lac Mangalia, parce que c'est seulement celui-ci qui pouvait offrir toutes les conditions nécessaires pour abriter les navires.

De toutes ces constatations il en résulte que le port de la cité de Callatis avait deux bassins portuaires (Fig. 20).[17] Le grand bassin portuaire de l'actuel lac Mangalia, défini, d'après ce que nous avons vu par le terme de ὅρμος, peut être assimilé à ce que les Romains nommaient une *statio*.[18] Le second bassin portuaire était situé devant la cité et représentait le port artificiel, qui s'appelait chez les Romains *portus*.[19] Quelques découvertes archéologiques plus anciennes, ainsi que les canons techniques et constructifs du temps,[20] semblent suggérer que tout autour de cette enceinte portuaire il y eût eu des portiques et d'entrepôts, des chantiers navals de construction et de réparation des navires (*navalia*). En fait, autour de ce port gravitait toute activité commerciale de la ville,[21] l'endroit près duquel il eût existé le quartier commercial, *emporion*.[22] Enfin, l'enceinte portuaire toute entière était protégée par la grande digue

---

11. *Ibidem*, p. 532–535, fig. 6.
12. G. Tocilescu, *AEM*, VI, 1882, p. 5, nr. 5.
13. M. Gramatopol. *o.c.*, p. 333–334.
14. Voir les observations de V. Parvan, *AARMSI*, ser. II, 1914–1915, t. XXXVII, p. 431, nr. 3. D'ailleurs, I. Stoian, *Tomitana*, Bucarest, 1960, p. 112, no. 20, propose sans réserves Tomis comme lieu de provenance de cette inscription.
15. Arrien, *Per.Pont.Euxin.*, 24, 1.
16. J. Rougé, *o.c.*, p. 113–114, où sont traitées toutes les catégories de ὅρμοι. Pour la description, du type de port naturel, voir Vitruve, *De Architectura*, V, 12, 1–4.
17. J. Rougé, *o.c.*, p. 152–153.
18. Ulpien, *Dig.*, XLIII, 12, 1, 13: [...] *stationem dicimus a statuendo; is igitur locus demonstrantur ubicumque naves tuto stare possunt* (... on dit "station" de "faire stationner"; donc cet endroit est clairement désigné comme étant celui où les navires peuvent stationner partout en sûreté).
19. J. Rougé, *o.c.*, p. 117.
20. Vitruve, *De Architectura*, V, 12, 4–6.
21. Isidore, *Or.*, XIV, 8, 39–40: *Portus autem locus est ab accesu ventorum remotus, ubi hiberna opponere solent; et portus dictus a deportandis commerciis* (Cependant le port est un endroit à l'abri par rapport à la pénétration des vents, où l'ou situe d'habitude les abris militaires d'hiver; et il est nommée "portus" à cause des marchandises portées de là); Ulpien, *Dig.*, L, 16, 59: ... *Portus appellatus est conclusus locus, quo importantur merces et inde exportantur* (... "port" a été nommé un endroit clos où l'on transporte des marchandises qui en sont ensuite exportées). Pour l'équivalence des termes *emporion* = *portus*, ainsi que pour d'autres considérations relatives au premier terme, voir J. Rougé, Index Quaderni camerti di studi romanistici, 15, 1987, p. 407 etc.
22. J. Rougé, *Recherches*, p. 108-109.

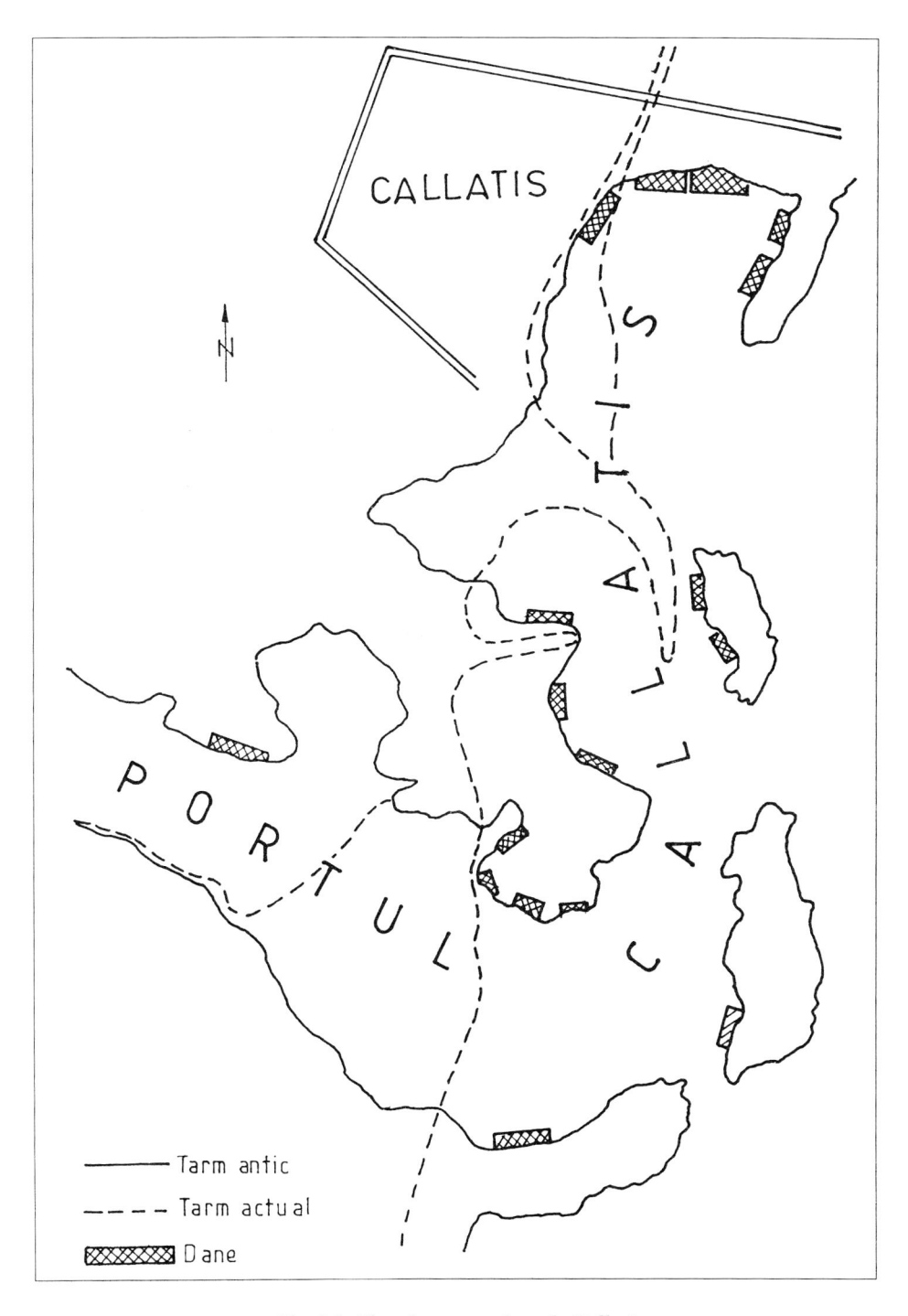

Fig. 20 Plan du port antique de Callatis

de large qui mettait à la disposition des navires deux entrées dans le port, système d'accès assez fréquent à l'époque romaine.[23] Un port très semblable à celui de Callatis, à deux bassins portuaires, c'est le port de Seleucia. Le bassin intérieur, représenté par un lac situé à l'intérieur du territoire constituait le port proprement dit qui était emplacé à la limite sud de la cité. Ce bassin communiquait avec la mer par un chenal au bout duquel il y avait l'avant-port, aménagé artificiellement,[24] à l'instar de celui de Callatis.

En ce qui concerne le port de *Tomis*, c'est seulement son emplacement qui est connu exactement de nos jours: il s'agit du golfe situé au sud-ouest de la peninsule tomitaine. Du point de vue typologique, par sa position, le port de Tomis avait à l'origine un port naturel qui représentait l'un des meilleurs abris du littoral de l'ouest du Pont jusqu'à ce que, au fur et à mesure, les aménagements lui eussent conféré le caractère de port artificiel. On ne saurait pas connaître aujourd'hui l'ampleur de ces aménagements portuaires. Il est connu cependant le fait qu'une partie du quai du port était bordé d'édifices publiques[25] et commerciaux, dont on distingue le grand édifice romain à la mosaïque qui était non seulement l'agora de la ville mais également un important entrepôt.[26]

Malheureusement, les informations d'ordre archéologique concernant les digues, les quais et les autres aménagements du port de Tomis sont très pauvres; en effet elles se réduisent à quelques remarques plus anciennes qui n'ont pas été continuées par des recherches systématiques. En ce sens, V. Canarache notait que, entre la porte 2 et 3 de l'actuel port maritime de Constanta, on pouvait encore voir les traces d'un quai antique, construit avec de grands blocs de pierre et également d'autres constructions à caractère portuaire, non-identifiées.[27]

Les résultats des recherches sousaquatiques des restes portuaires submergés ne sont pas concluants, eux non plus. Quelques submersions effectuées en 1969 dans la zone du port Tomis ont dépisté des traces d'une digue de défense du port, et, en même temps, d'autres vestiges archéologiques dont le caractère n'est pas précisé. Ces recherches n'ont pas été continuées, aussi restent-elles inédites jusqu'ici (Fig. 21).[28]

En dépit de cette situation, il convient de préciser que l'activité portuaire de Tomis à l'époque romaine dépassait de loin celle d'autres villes de l'ouest du Pont; cette activité se reflète dans les sources épigraphiques, historiques et iconographiques. Il

---

23. G. Schmiedt, *o.c.*, p. 58. Un port semblable au port artificiel de Callatis du point de vue de la construction est celui de Velsen (*Castellum Flevum*); voir J.-M.A.W. Morel, *The Early Roman defend harbours at Velsen, North-Holland*, Limeskongress Aalen, p. 200–210.
24. D. van Berchem, *BJ*, 185, 1985, p. 53–61, la carte no.1. Réaménagé a l'époque de Vespasien par le légataire de M. Ulpius Traianus (le père de l'empereur), ce port a constitué la base de la flotte syrienne.
25. A l'instar de ce *lentiarion* voir A. Radulescu, *Pontica*, I, 1968, p. 239 et les suivantes avec les observations de L. Robert, *BE*, 1970, no. 403.
26. V. Canarache, *St.cl.*, 3, 1961, p. 227–240; *idem, Edificiul cu mozaic din Tomis*, Constanta, 1968; D. Popescu, *Dacia*, N.S., IX, 1965, p. 479. Pour d'autrés précisions à l'égard de la datation de cet édifice, voir Al. Suceveanu, *Dacia*, N.S., XIII, 1969, p. 349–351.
27. V. Canarache, *Tomis*, Constanta, 1961, p. 22; *idem, Muzeul de Arheologie din Constanta*, Constanta, 1967, p. 14.
28. Dans le Musée d'histoire nationale et d'archéologie de Constanta se trouve un rapport sous les recherches soub-aquatiques du 17 au 24 septembre 1969.

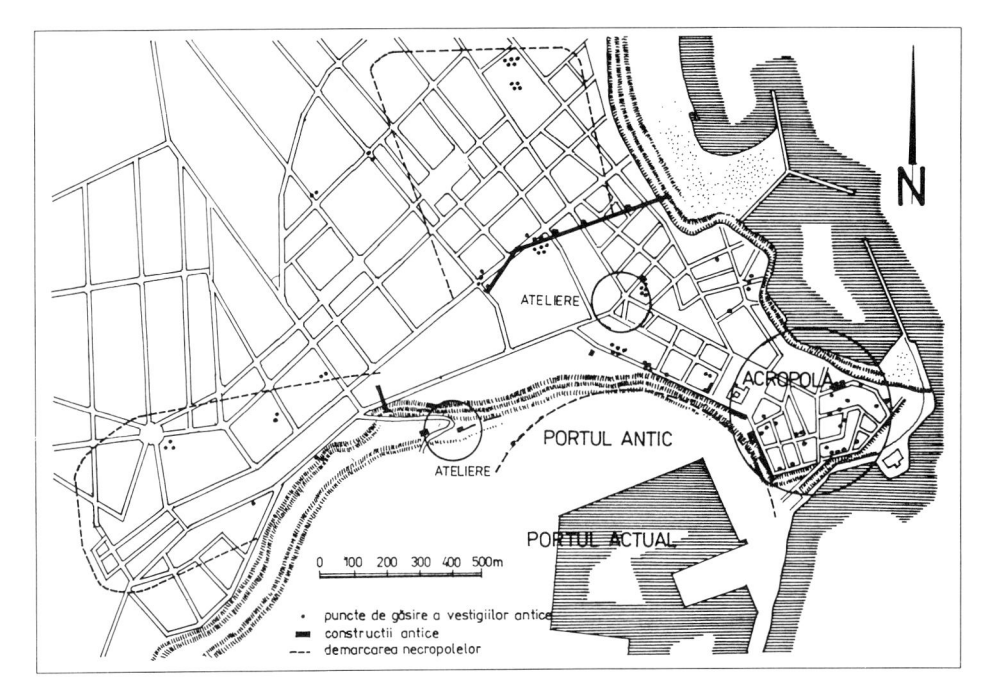

Fig. 21 Plan de la ville et du port antique de Tomis

est suffisant de rappeler seulement le fait qu'à Tomis sont attestés les commerçants et les armateurs les plus nombreux de la Scythie Mineure,[29] les derniers organisés dans des associations professionnelles; on peut également noter que dans le port tomitain il y avait divers types de navires commerciaux qui circulaient et qui sont représentés sur quelques monuments funéraires et votives, des monnaies et des ponds.[30]

On ne peut pas achever ces brèves considérations à l'égard du port de Tomis sans montrer que dans la célèbre inscription sur la protection de la ville, à la fin du IIe siècle av.J.C. on mentionne les magistrats nommès τῶν ἀρχόντων ἐν τῶι λιμένι.[31] En dépit de l'opinion que le terme de λιμήν désigne ici le port de la ville,[32] certains chercheurs[33] considèrent que ces archontes étaient des magistrats chargés à surveiller le marché ou quelque foire occasionnelle. I. Stoian s'oppose catégoriquement au fait de donner au mot λιμήν le sens de port.[34] De toute façon, le fait d'avoir mentionné tel quel le terme λιμήν à Tomis, quel qu'en eût été le sens dans l'inscription dont il s'agit, il vaut la peine d'être retenu.

---

29. *ISM*, II, 132 (17), 186 (22), 248 (84), 257 (93), 375 (21), 462 (12), 463 (13).
30. O. Bounegru, *Münstersche Beiträge zur Antiken Handelsgeschichte*, III, 1984, 2, p.1–17, nr. 3, 5, 6, 16.
31. *ISM*, II, 2, r. 24–25.
32. G. Tocilescu, *AEM*, XIV, 1891, p. 22–26, no. 50; T.V. Blavatskaja, *Zapadnopontiiskie goroda v VII-I vekakh d.n.e.*, Moskva, 1952, p. 188–189.
33. W. Dittemberger, *SIG*, II², p. 182; A. Wilhelm, *AEM*, XX, 1897, p. 76–77.
34. I. Stoian, *o.c.*, p. 32.

Si à Tomis et à Callatis il y a des restes des installations portuaires, plus ou moins relevantes, pour *Histria* celles-ci sont absentes. La situation nous paraît normale si nous tenons compte du fait que la cité a été élevée dans la zone de l'actuel lac Sinoe, l'un des limans maritimes qui composent le système de lagunes du sud du Delta,[35] zone qui a souffert, de l'antiquité jusqu'à présent de nombreuses transformations d'ordre géomorphologique. Celles-ci consistent en de massifs ensablements des anciens golfes de la mer Noire et donc des modifications de la configuration du littoral.[36]

Les recherches géologiques récentes, complétées par celles aérophotographiques, sont de nature à préciser qu'à l'époque antique le port de Histria se trouvait dans la partie sud de la cité où la rive antique formait une crique.[37] Par le processus d'ensablement de ce golfe, qui avait commencé tôt, dès les Ve ap.J.C.,[38] il en a résulté plusieurs cordons de sable qui composent aujourd'hui l'île alluvionnaire de Saele.

Il y a plusieurs temoignages épigraphiques et iconographiques sur le port de la cité à l'époque hellénistique et romaine.[39] Le problème qui s'est posé et qui n'est pas encore en resolu est celui de la période de l'utilisation de ce port. Jusqu'à présent on a considéré que l'ensablement du golfe de Histria avait commencé du IIe av.J.C. si non plus tôt, en prenant en considération le passage bien connu de Polybe, *Hist.*, IV, 41. Conformément à cette opinion, par la naissance de l'île alluvionnaire de Chituc, identifiée avec la <<poitrine>> de sable mentionnée par Polybe, l'activité portuaire de Histria était de plus en plus incommodée jusqu'à bloquer complètement le port, à un certain moment au cours de l'époque romaine.[40] A notre avis,[41] il y a assez de preuves qui attestent le fonctionnement du port de Histria jusqu'à la période du Bas Empire. Nous allons a présent brièvement nos arguments sur ce sujet.

Ce cordon littoral mentionné par Polybe ne peut en aucun cas être identifié avec l'île alluvionnaire Chituc de nos jours, parce que les coordonnées indiquèes par cet auteur ne correspondent pas aux distances réelle du terrain. D'ailleurs, d'après les dates proposèes par les recherches géologiques, l'île de Chituc paraît avoir pris naissance en tout cas après les siècles V[e]–VIe siècles ap.J.C.,[42] donc elle n'est pas antique, mais postérieure à l'antiquité.

Du texte de deux inscriptions romaines datées entre 160 et 180 ap.J.C. on apprend qu'un personnage important de la ville, dont le nom avait été martelé, a été honoré

---

35. T. Moraru, P. Gastescu, Al. Savu, I. Pisota, *Les types généthiques de lacs et leur délimitation sur le territoire de la RPR*, Bucarest, 1960, *passim*; T. Moraru, I. Pisota, I. Buta, *Hidrologie generala*, Bucarest, 1970, p. 426–427.
36. A.C. Banu, *Hidrobiologie*, II, 1961, p. 151–153; N. Panin, *Dacia*, N.S., XXVII, 1984, p. 184 et les suivantes.
37. P. Alexandrescu, *Dacia*. N.S., XXII, 1978, p. 334, fig. 5; Al. Suceveanu, *Histria VI. Les thermes romaine*, Bucarest, 1982, p. 81 avec les suivantes, n. 76.
38. P. Cotet, *MCA*, VII, 1962, p. 430; *idem*, *Histria II*, Bucarest, 1968, p. 347–350.
39. *ISM*, I, nr.20, 26, 28, 32, 48, 64, 65, 112, 173.
40. D.M. Pippidi, *Contributii²*, p. 34–37.
41. O. Bounegru, *St.cl.*, XXVI, 1989, p.
42. P. Cotet, in *Histria II*, p. 350; V. Canarache, *SCIV*, 7, 1956, 3–4, p. 305–306. Récemment, C. Scarlat, dans Muzeul National, III, 1976, p. 111, suppose que cette "poitrine" mentionnée par Polybe, se trouve quelque part à l'est de Sulina, dans le point aux coordonnées 45°10' latitude nord et 31°14' longitude est, où il y a, sous les eaux de la mer plusieurs hauteurs de sable de forme mamélonnaire.

entre autres pour son enthousiasme dans l'activité de refaire le port,[43] désigné par le terme de λιμήν. Pendant l'Antiquité, ce terme se référait à un port de grandes dimensions qui pouvait être, en opposition avec ὅρμος (abri naturel), un port naturel ou artificiel qui avait surtout une signification d'ordre économique.[44] Le texte des deux inscriptions qui renvoient à la refaite de ce port, action par laquelle il faut entendre des travaux d'entretien ou éventuellement d'élargissement des installations portuaires et non pas des travaux par lesquels on eût dégagé le golfe ensablé, ainsi qu'il a été supposé,[45] ce qui nous donne le droit d'admettre que ce port fonctionnait pleinement à l'époque respective.

Une confirmation de ce qu'on a affirmé ci-dessus c'est la présence sur le revers de deux émissions de monnaies d'Histria de Elagabal[46] et de Severus Alexander,[47] d'une tour-phare. Nous n'avons aucune raison de rejeter la supposition que sur le revers des monnaies il y avait représenté le phare du port de la cité. Il s'agit d'une tour à trois ou quatre étages qui représente sur un côté des ouvertures rectangulaires et sémi-circulaires et à la partie supérieure on observe une flamme qui rappelle la fonction de phare du monument. Le phare d'Histria trouve ses parallèles portant dans le monde romain.[48] On ne saurait pas préciser dans quelle période a été élevé cet édifice, partie intégrante du paysage portuaire d'Histria, mais, de toute façon, son existence durant la premiere moitié du IIIe siècle, sinon plus tard encore, est hors de doute.

Ajoutons que la cité a été détruite au milieu du IIIe siècle, fait mentionné dans l'*Historia Augusta*.[49] Les opinions sont partagées au sujet de la date de cet événement,[50] aussi, en les analysant, avons-nous émis la supposition que le moment de la destruction d'Histria devrait corresponde aux années 252–269 ap.J.C.[51] à la suite d'une des nombreuses invasions des Goths, des Carpes et d'autres populations transdanubiennes.

---

43. D.M. Pippidi, *St.cl.*, IX, 1967, p. 228 avec les suivantes.
44. J. Rougé, *o.c.*, p. 115.
45. *ISM*, I, p. 314.
46. C. Preda, H. Nubar, *Histria III. Descoperiri monetare 1914–1970*, Bucarest, 1973, p. 65, nr. 719.
47. G. Severeanu, *BSNR*, XXV–XXVI, nr. 73–80, 1930–1931, p. 16–17.
48. M. Bollini, *o.c.*, p. 40, fig. 7; A. Levi, M. Levi, *Itineraria picta*, Roma, 1967, p. 128; G. Severeanu, *o.c.*, p. 18; A. Paris, *Collection de plans ou dessin de navires et de bateaux anciens ou modernes*, Grenoble, 1976, no. 254; M. Bonino, *Rivista di Archeologia Cristiana*, LIX, 1983, 3-4, p. 303, fig. 17; T. Hauschild, *Madrider Mitteilungen*, 17, 1976, p. 255–256; idem, *Der romischen Leuchtturm von La Coruna*, Mainz, 1974, p. 21.
49. *SHA*, *Vita Maximini et Balbini*, XVI, 3.
50. On a proposé plusieurs dates de la destruction d'Histria: 238 (V. Parvan, *Cetatea Tropaeum*, p. 44; idem, *Histria VII*, AARMSI, ser. III, t. II, 1923, p. 105); an 248 (S. Lambrino, *REL*, XI, 1933, p. 462); 267 (R. Vulpe, *St. cl.*, XI, 1969, p. 162 etc.); les années 245–256 (Gh. Poenaru-Bordea, *SCN*, 1971, p. 91–113); les années 251–253 (C. Preda, H. Nubar, *o.c.*, p. 68); le regne de Decius et la première partie de celle de Gallienus (Al. Suceveanu, *Dacia*, N.S., XIII, 1969, p. 347–348); 258–269 (Em. Dorutiu-Boila, *St. cl.*, VI, 1964, p. 247–268); 250–270 (D.M. Pippidi, *Dacia*, N.S., XIX, 1975, p. 149–150); 245–269 (*ISM*, I, p. 301). Une contribution décisive qui rejette la date établie "traditionnellement" pour la destruction de Histria, 238 ap.J.Chr., est faite per qui a examine recemment l'inscription *ISM*, I, no. 168, le professeur D.M. Pippidi. Voir également les observations sans fondement de Vl. Iliescu, *Romanitas Christianitas. Untersuchungen zur Geschichte und Literatur der römischen Kaiserzeit*, Berlin–New–York, 1982, p. 345 etc., *cf.* la réponse de Em. Dorutiu-Boila, *Dacia*, N.S., XXIX, 1985, p. 101.
51. Voir note 41.

Ces invasions ont eu lieu dans les années 252,[52] 258,[53] 263, 264, 266 ou 267 ap.J.C.[54] Comme toutes ces invasions se sont produites de la direction de la mer, cela prouve que le golfe de Histria était encore ouvert au milieu du IIIe siècle et le port de la cité était donc utilisé à ce moment-là.

Outre les ports mentionnés ci-dessus et attestés archéologiquement ou épigraphiquement, on ne connaît pas d'autres découvertes similaires ni dans les cités de l'ouest du Pont, ni dans les fortifications du nord de la Mer Noire. En principe, toutes auraient dû avoir à la disposition des ports plus ou moins développés, mais nous ne disposons pas jusqu'ici de preuves archéologiques. On peut seulement rappeler que Arrien, *Per. Pont. Euxin.*, 24, 4–5, mentionne tant à Odessos qu'à Mesembria un ὅρμος. Il n'est pas à négliger ni les autres toponymes composés, mentionnés par le même auteur (20, 3 et 24, 3), qui contiennent le terme de *port*: Ἰσιακῶν λιμήν et Καρῶν λιμήν.

2. *Les ports fluviaux*

A la différence des ports maritimes, ceux situés le long du trajet du Danube sont moins évidents du point de vue archéologique. En premier lieu, à cause des conditions géographiques et géomorphologiques, on ne peut pas considérer comme des ports dans le sens exacte du terme ceux de la zone du Danube inférieur. Ce sont plûtot des aménagements portuaires qui, par des efforts plus modestes de construction, aient permis aux navires d'accoster le bord; le plus souvent il était possible de réaliser ces aménagements en bois.[55] En second lieu, ces aménagements de construction se trouvaient dans les zones inondables et donc ils étaient plus exposés à l'érosion des eaux.[56] C'est pourquoi on ne trouve de nos jours sur toute la ligne du Danube Inférieur que des restes rares et dispersés de quelques aménagements portuaires antiques.

On peut distinguer deux catégories d'aménagements portuaires le long du Danube: ceux artificiels consistant de diverses constructions et digues élevées dans les points importants du fleuve, stations des flottes romaines[57] et ceux qui ont été aménagés sur les canaux et sur les lacs qui communiquaient avec le fleuve.

De la première catégorie on remarque le port de *Drobeta*. Les fouilles de sauvetage effectuées le siècle passé, complétées par les observations plus récentes de D. Tudor et M. Davidescu ont mis en évidence plusieurs constructions devant le camp fortifié, sur la rive du Danube, entre le célèbre pont de Trajan et le point nommé «Ogasul Tabacarilor» Fig. 22).[58] Il s'agit d'un bloc massif de muraille qui s'avançait profondément dans l'eau du Danube, situé exactement à côté du pied du pont qui

---

52. Zosime, I, 34, 2.
53. Jordanes, *Get.*, 20, 1.
54. *SHA, Gallienus*, XIII, 6.
55. M. Bollini, *o.c.*, p. 54.
56. D. Mitova–Dzonova, *Limeskongress Aalen*, p. 504.
57. En principe, toutes ces *stationes* des flottes de Danube ont probablement eu des aménagements portuaires. Malheureusement, la plupart de celles-ci ont été détruites peu à peu dans le temps, ou bien n'ont pas été étudiees jusqu'aujourd'hui.
58. M. Davidescu, D. Tudor, *Drobeta*, II, 1976, p. 40–46.

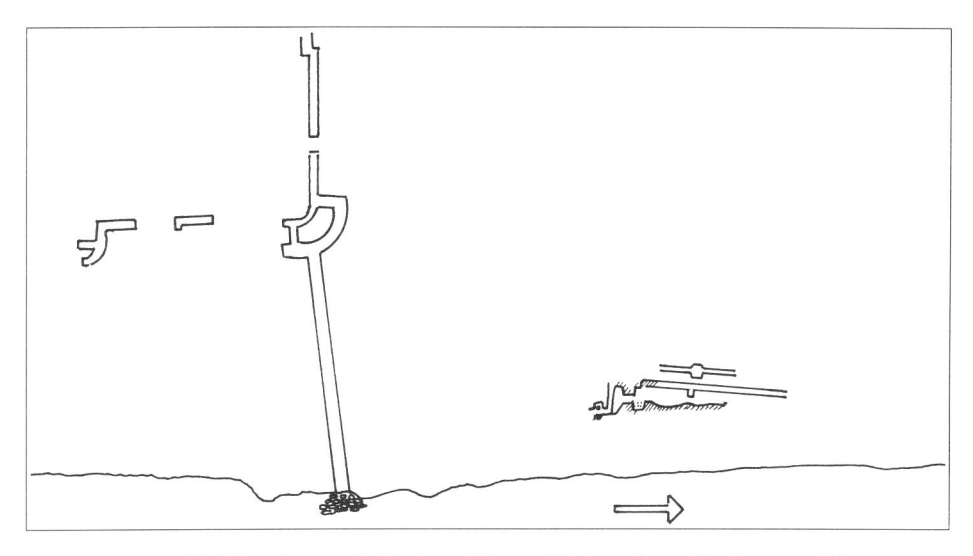

Fig. 22 Plan du port de Drobeta (d'après M. Davidescu, Drobeta, p. 42)

avait une largeur de 14 mètres et gardait une hauteur de 2,6 mètres. On considère que cette construction peut être un quai du port. A 200 mètres en aval de ce point et à 60 mètres du mur qui reliait la rive du côté sud-est du camps fortifié, ont été dépistées les ruines d'un bâtiment de grandes dimensions, orienté parallélement à la rive et qui disposait des installations de chauffage. L'édifice est mis en liaison avec une constructions, portuaire à fonction annuelle continue.[59] Ces constructions, ainsi que d'autres qui ont été détruites, représentaient, selon les auteurs cités ci-dessus, le port militaire de Drobeta, l'endroit où se refugiaient et accostaient les navires militaires qui assuraient la navigation dans le secteur du pont de Trajan.[60]

Un autre port danubien, très bien conservé, est celui de Haiducka Vodenica, localité située en amont de Drobeta, sur la rive droite du fleuve (Fig. 23). C'est ici qu'une petite fortification romaine tardive et de haut époque byzantine a été étudiée: un *quadriburgium* aux dimensions de 45 sur 50 mètres, placé à environ 15 mètres de la rive du Danube.[61] Le système de construction du port est intéressant et ressemble à celui de Drobeta. De chaque des deux tours du côté ouest de la fortification, côté parallèle à la rive du fleuve, il y avait une muraille grosse de 4 mètres qui reliait deux tours-pylone bien forts, construits exactement sur la rive du Danube. De cette façon on y créait un espace clos d'aproximativement 15 sur 40 mètres, où se trouvaient probablement les aménagements portuaires de cette base navale. Le complexe tout entier est daté entre le IVe et le VIe siècle ap.J.C.[62]

Bien que les aménagements portuaires de Haiducka Vodenica ne soient pas grands,

---

59. M. Davidescu, *Drobeta*, Craiova, 1980, p. 77 et les suivantes.
60. *Ibidem*, p. 78.
61. N. Petrovic, S. Pavlovic, *Arheoloska Istrazivanja na podrucju Derdapa*, 2, 1966, p. 99–100.
62. V. Kondic, *Ergebnisse der neueren Forschungen auf dem Obermoesischen Donaulimes, Frontières romains*, p. 48–49, fig. 4.

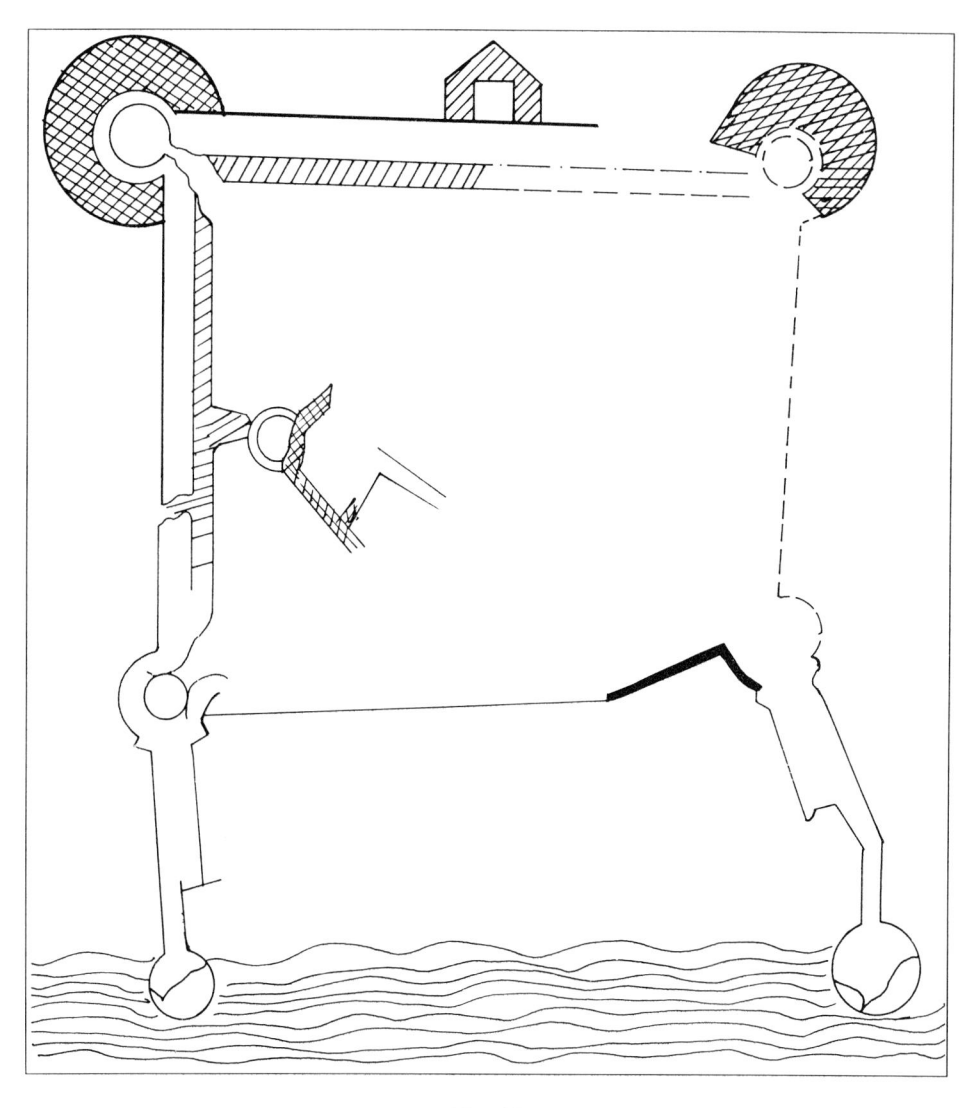

Fig. 23
*Plan du camps fortifié et du port de Haiducka Vodenica
(d'après V. Kondic, Limes IX, p. 48, fig. 4)*

ils se remarquent par les conditions exceptionnelles de la conservation. On peut affirmer que le port de cette localité, avec la fortification dont il était directement lié, représente un exemple typique de base navale fluviale pour l'époque romaine tardive.

Le même type d'aménagement portuaire semble avoir existé à Aegeta (Brza Palanka), reconnue comme l'une des stations de la flotte à l'époque romano-byzantine. Les fouilles archéologiques récentes effectuées à cet endroit ont mis en évidence une muraille en pierre, placée perpendiculairement au cours du Danube, muraille qui était en liaison directe avec la fortification romano-byzantine.[63] Peut-être s'agit-il donc d'une autre installation portuaire danubienne munie d'un système de défense concretisé dans des murs qui fermaient l'espace portuaire proprement-dit, à l'instar de ceux de Drobeta ou de Haiducka Vodenica. D'ailleurs les trois derniers aménagements portuaires présentés ci-dessus, semblent faire partie d'un système unitaire d'installations de ce genre, élevés tous au cours du IVe jusqu'au VIe siècle ap.J.C., dans la zone du Danube moyen d'après le même plan de construction et de fonctionnement. Sans doute doit-on rapporter tout ceci à la réorganisation de la flotte romaine au IVe ap.J.C.

Les traces d'un supposé aménagement portuaire de *Carsium* sont beaucoup moins concluantes. Sur la rive du Danube, à la base du promontoire où est dressée la cité, on peut voir encore de nos jours les restes d'une grande muraille en pierre et en briques, parallèle à la rive et celles d'une tour.[64] Quoiqu'il n'y ait pas d'éléments sures pour le dater, à notre avis il est possible que cette muraille eût appartenu à un bâtiment situé dans la zone du port.

C'est à *Capidava* également que des fouilles récentes ont mis en évidence ce qui semble avoir été une installation portuaire. Il s'agit d'une structure exprime dressé à l'immédiate proximité du Danube. Cette structure a été identifié par les auteurs des fouilles avec un quai-digue qui faisait partie d'un système de constructions plus ample et qui pourrait être un aménagement portuaire appartenant à la cité.[65]

A *Axiopolis*, les fouilles effectuées à la fin du siècle dernier, ainsi que les observations sur le terrain, ont mis en évidence, dans le coin d'est du camp fortifié, sur la rive du Danube, plusieurs bâtiments dont le mur derrière était la colline de la cité. On a supposé qu'il s'agissait des structures situées dans la zone du port.[66] Une grande construction qui longeait le Danube, devant la cité, a été remarquée au début de notre siècle par T. Antonescu également qui l'identifiait à la *navalia* du port.[67] D'ailleurs l'existence d'un port très actif à Axiopolis est suggérée par la mention de ce *collegium* des navigateurs danubiens, *nautae universi Danuvii*.[68] Même si dans les tâches de cette

---

63. P. Petrovic, *Cahiers des Portes de Fer*, III, 1986, p. 372, fig. 16, 19.
64. Em. Condurachi, *Neue Probleme und Ergebnisse der Limesforschung in Scythia Minor*, Studien zu den Militargrenzen Roms, Köln, 1967, p. 170 etc.
65. R. Florescu, *Capidava 1987*, rapport presente à la XXIIe Session anuelle de rapports archéologiques, Pitesti, le 25–26 mars 1988.
66. C. Schuchardt, *Die Sogenannten Trajanswalle in der Dobrudscha*, Abhandlungen der preussischer Akademie der Wissenschaften, 12, Berlin, 1918, p. 59.
67. T. Antonescu, *Columna Traiana*, I, Iasi, 1910, p. 121.
68. CIL, III, 7485. Voir également les considérations de Al. Suceveanu, *Viata economica in Dobrogea romana sec. I–III e.n.*, Bucarest, 1977, p. 142.

association entraient des attributions militaires aussi,[69] il est certain qu'un *collegium nautarum* d'une telle importance, dont la principale attribution était le transport des marchandises sur le Danube,[70] ait eu à sa disposition des installations portuaires convenables.

Les nombreuses îles, canaux et lacs qui communiquaient avec le Danube ont pu être utilisés par les Romains en tant qu'endroits à surveiller le fleuve et à permettre l'abordage des navires de guerre. Le long du temps la configuration de la rive a subi des transformations évidentes; néanmoins, on peut encore de nos jours remarquer de tels endroits.

A la proximité de la cité *Ad Malum* (Kosava) il y a un grand canal aujourd'hui entièrement colmaté, nomme Cifteler, où l'on suppose l'existence d'un port antique.[71] Un autre canal du Danube situé cette fois-ci dans la zone du camp fortifié de *Dimum* (Belene), semble avoir joué un rôle important dans la navigation militaire de la région.[72] On suppose également que l'île Belene et tout le système de canaux autour, constituaient non seulement une bonne base de stationnement des navires mois à la fois un endroit où ceux-ci pouvaient être réparés.[73]

Les fouilles archéologiques commencées il y a quelques années près de Rasova (département de Constanta), sur la rive du lac Baciului, ont mis au jour une grande construction composée de plusieurs murs parellèles en pierre. Ces murs, construits en pente, gardent les cavités des poutres qui soutenaient un plancher.[74] Cette structure est datée du IIe siècle ap.J.C. Si on y ajoute le détail significatif que la construction toute entière est executée avec du mortier hydraulique et la constatation que dans la zone de Rasova doit être placée *Flaviana*, la base de ces *milites nauclarii*, on peut supposer que dans la zone étudiée on a affaire à une installation à caractère portuaire, éventuellement à un débarcadaire.

L'un des plus importants aménagements portuaires du Danube devrait être celui de *Noviodunum* (Isaccea). Les fouilles de sauvetage effectuées sur la plage du fleuve, a l'endroit de la cité romaine et romaino-byzantine, dans le point nommé <<Pontonul vechi>> (l'ancien ponton), ont mis au jour plusieurs structures (des murs et des digues en pierre liés avec du mortier), dont le trajet continue jusque dans l'eau du Danube.[75] Toutes ces constructions ont été mises eu directe liaison avec le port romain de la cité qui avait à sa disposition, outre les digues et les quais de protection, de grandes chambres-remises et des dépôts. Bien que certaines découvertes de monnaies indiquent

---

69. A. Aricescu, *Armata*, p. 71.
70. Ces *collegia nautarum* sont bien connuees en Gaule et en Germanie, voir V. Parvan, *Die Nationalität der Kaufleute im römischen Kaiserreiche*, Breslau, 1909, p. 44–51. Pour la manière d'organiser ces associations, ainsi que pour leur rôle important dans le transport des marchandises sur les grands fleuves et sur les rivières, voir J. Rougé, *o.c.*, p. 214–216.
71. D. Mitova-Dzonova, *o.c.*, p. 508, fig. 9.
72. *Ibidem*, p. 506.
73. *Ibidem*, p. 506–507, fig. 5–6.
74. Les recherches archéologiques sont en cours. Un rapport préliminaire a été présenté par T. Cleante à la XXe Séssion anuelle de rapports archéologiques, Deva, 21–22 mars 1986.
75. I. Barnea et les colab., *MCA*, IV, 1957, p. 156–162, fig. 4–8.

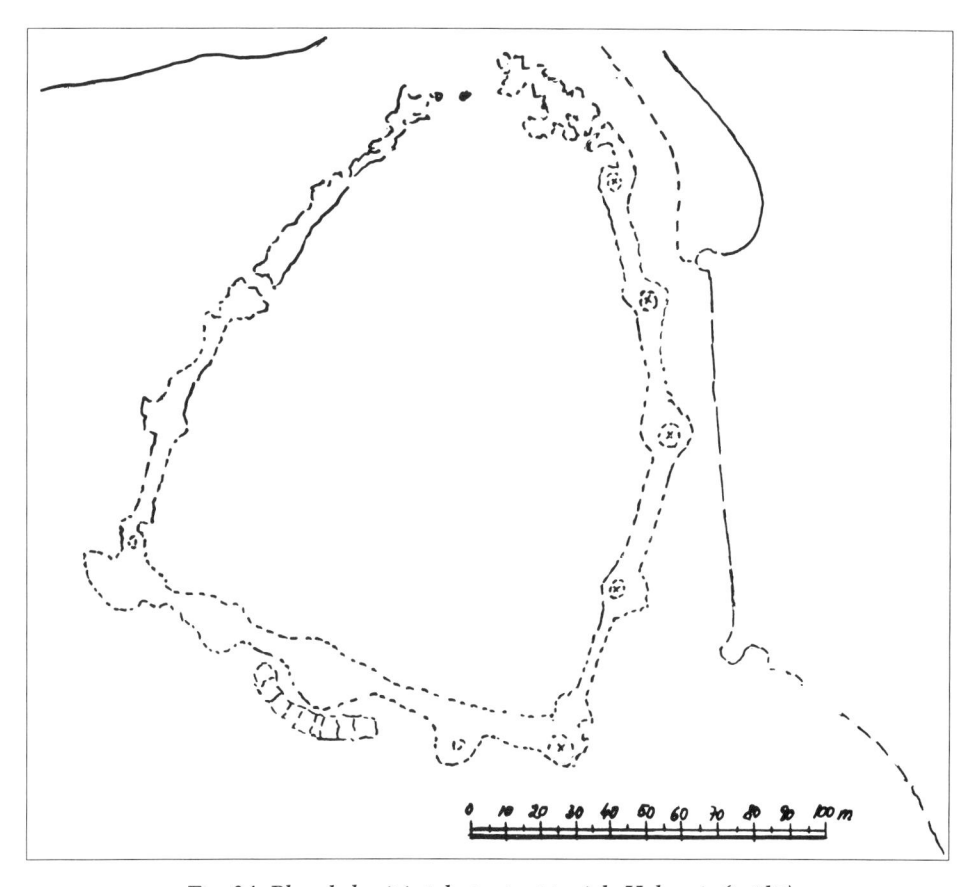

Fig. 24 Plan de la cité et du port supposé de Halmyris (inédit)

l'époque de Constantin Ier [76] pour ces structures, il est fort probable qu'à l'époque du Haut Empire elles eussent fonctionné également, surtout si l'on pense que c'est ici que de nombreuses briques au cachet de la flotte mésique ont été découvertes.[77]

Les récentes fouilles archéologiques de la localité Murighiol (département de Tulcea) prouvent le fait que tant la fortification romaine l'antique *Halmyris* que celle de l'époque romaine tardive ont eu une installation portuaire, identifiée par les recherches executées à la porte nord de la cité et suggérée, ainsi que nous l'avons montré, par les découvertes épigraphiques.[78] Les traces de l'aménagement portuaire de l'époque du Haut Empire n'ont pas encore été identifiées. Cependant on a dépisté quelques éléments pour les phases avancées de la cité. Il s'agit d'une installation qui aurait existé devant la porte du nord et qui ne semble pas avoir depassé les dimensions d'un débarcadaire. Le niveau de passage de la zone extérieure de la porte dans la deuxième phase, se trouve

---

76. *Ibidem*, p. 162.
77. *Ibidem*, p. 165–166, fig. 13.
78. Voir toute la discussion ci-dessus, p. 12.

dans une pente légère vers le Danube, qui partait du seuil de la porte. Il est possible qu'au bout extérieur de cette pente, qui avait sur les flancs les tours de la porte, ait existé un petit pont en bois où les navires ou les petites embarcations eussent accosté. Ainsi le transport de marchandises dans la cité était rendu plus facile, si elles étaient déchargées des navires et montées sur la pente artificiellement executée, directement dans les remises qui se trouvaient à l'immédiate proximité de la porte. La troisième phase de la cité désaffecte cette pente et simultanément avec elle, le débarcadaire.

Le port proprement-dit de la cité et ses installations n'ont pas encore été identifiés sur le terrain, cependant son existence est hors de doute si l'on tient compte des mentions que nous tenons déjà sur ce *vicus classicorum*. On peut rappeler qu'une photographie aérienne récemment réalisée au-dessus du site archéologique de Murighiol et de la zone adjacente, relève, à l'est de la cité, l'existence d'un retrait qui représenterait une crique du Danube où aurait pu trouver son abri une escadre de la *classis Flavia Moesica* (Fig. 24). D'ailleurs du côté est de la cité, la même photographie met en évidence un rentrant tracé de façon régulière, parallèle au mur de l'enceinte, dont la fonctionnalité pourait être mise en relation avec l'endroit où accostaient des navires et c'est là qu'il y avait probablement le quai proprement-dit de la cité. Enfin, comme cela a été de montré récemment,[79] l'identification de la cité de Murighiol avec l'antique *Halmyris*, apporte un argument en plus en faveur de l'existence d'un port dans ce point, parce que Halmyris disposait d'une *statio* de la flotte.

Pour terminer la présentation des ports et des aménagements portuaires des flottes romaines du Danube Inférieur, mentionnons également la possibilité de l'existence de telles installations dans d'autres cités danubiennes, comme *Ratiaria* et *Sexaginta Prista* (des stations de la flottes), *Sucidava*, *Bistret*[80] et *Troesmis*, si l'on tient compte de l'importance de ces centres militaires pour la défense du *limes*. Il faut à espérer que les futures recherches, qui, peut-être, s'effectueront dans la zone de ces cités, nous offrent des arguments d'ordre archéologique en faveur de ces présuppositions.

---

79. Al. Suceveanu, M. Zahariade, *Dacia*, N.S., XXXI, 1987, p. 87-96.
80. D. Tudor, *Oltenia romana*, ed. a II-a, Bucarest, 1968, p. 266, fig. 70.

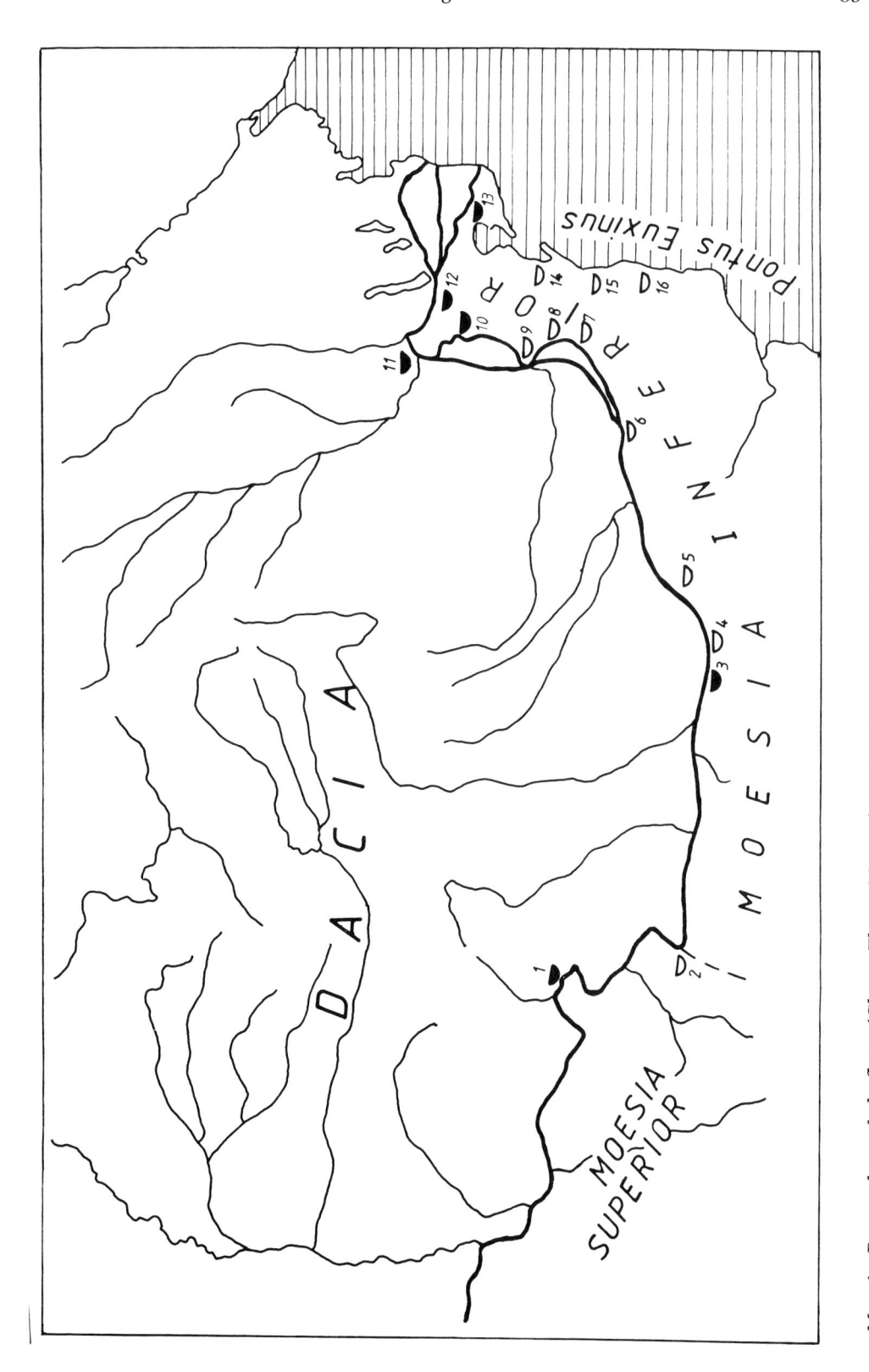

Map 1. Ports et bases de la flotte (Classis Flavia Moesica) au Bas Danube et à la Mer Noire aux Ier–IIIe siècles ap.J.C.: ⟹ *supposés;* ⟩ *attestés du point de vue archéologique, épigraphique et littéraire: 1. Drobeta; 2. Ratiaria; 3. Novae; 4. Dimum; 5. Sexaginta Pristis; 6. Durosturom; 7. Axiopolis; 8. Capidava; 9. Carsium; 10. Troesmis; 11. Barbosi; 12. Noviodunum; 13. Halmyris.*

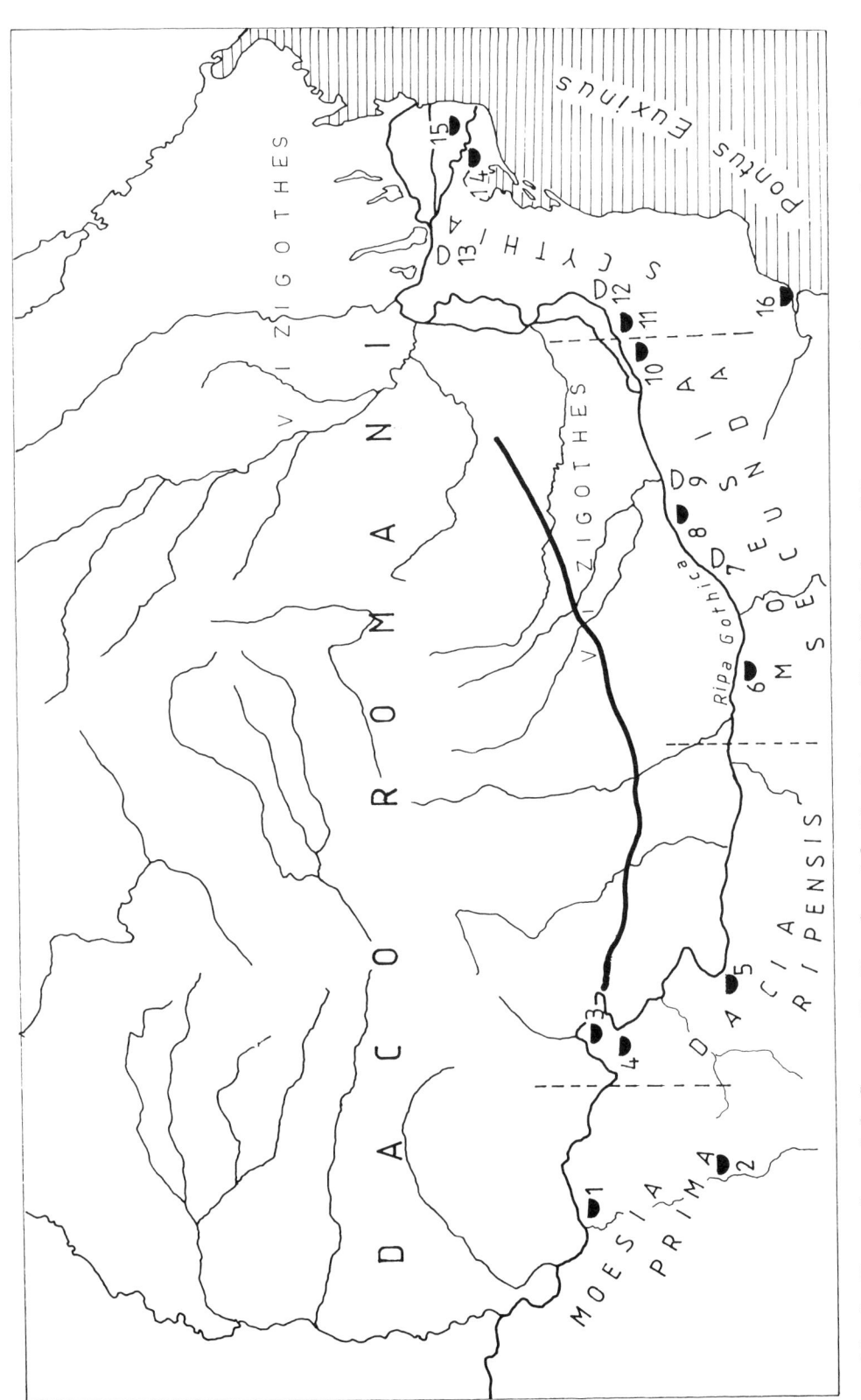

Map 2. Ports et bases de la flotte au Bas Danube et à la Mer Noire aux IVe–VIe siècles ap.J.C.: ➤ attestés du point de vue archéologique, épigraphique et litteraire: 1. Viminacium; 2. Margum; 3. Hajducka Vodenica; 4. Aegeta; 5. Ratiaria; 6. Novae; 7. Sexaginti Prista; 8. Appiaria; 9. Transmarisca; 10. Altinum; 11. Flaviana; 12. Axiopolis; 13. Novodunum; 14. Halmyris; 15. Plateypegiae. – – – Zones d'action de la flotte, Ier–IIIe siècles apr.J.C.

L'activité de la Flotte aux Ier-VIe Siècles ap.J.C.

1. *L'activité de la flotte aux Ier–IIIe siècles ap.J.C.*

Le but de ce dernier chapitre est de voir en quelle mesure la marine romaine de la mer Noire et du Danube fut impliquée aux événements historiques, autrement dit, de mettre en évidence l'activité des escadres navales romaines dans le cadre des événements militaires déroulés au Bas Danube aux Ier–IIIe siècles ap.J.C. Malheureusement, c'est justement les informations historiques qui faut défaut à cette démarche. Notamment pour le premier siècle de notre ère mais aussi pour les deux suivants, les sources historiques n'évoquent pas des actions de la flotte romaine, ou, quand elles le font, c'est pour nous offrir plutôt des allusions. Il faut donc reconnaître que, pour le moment, notre ignorance sur l'activité de la flotte romaine aux Ier–IIIe siècle ap.J.C. est presque complète. Dans cette situation il ne nous reste que recourir aux déductions logiques, aux suppositions, dont le degré de probabilité, sera déterminé par les recherches et les découvertes futures.

Les premières informations sur les unités navales romaines dans la zone dont il est question datent des dernières années du règne d'Auguste, période qui fut déterminante pour l'établissement de la frontière romaine au Danube Moyen et au Bas Danube.[1] Pour renforcer la présence romaine au Bas Danube après les incursions des Gètes,[2] Auguste a organisé aux premières années de notre ère, une incursion sur la rive gauche du Danube, à la suite de laquelle Aelius Catus transféra 50.000 Gètes sur la rive droite du fleuve.[3] Soit l'action de Catus peut avoir rapport avec le passage d'une armée romaine au nord du fleuve, mentionné dans les *Res gestae divi Augusti*,[4] comme

---

1. Il faut mentionner aussi une plus ancienne intention de l'empereur d'organiser une expédition sur le Danube pour laquelle il fallait qu'on transporte des aliments à l'aide des navires, selon l'affirmation de Appien, *Illyr*, 22, 66 intention qui n'a plus été mise en pratique.
2. Tacite, *Ann.*, IV, 44. Ces incursions sont repoussées par Cornelius Lentulus, selon l'affirmation de Flore, IV, 12, 19: *Misso igitur ultra ulteriorem reppulit ripam; citra praesidia constituta.*
3. Strabon, VII, 3, 10.
4. *Res gestae divi Augusti, V, 30, 42: citra quod (flumen Danuvium) Dacorum transgressus exercitus meis auspicis victus profligatusque est et postea trans Danuvium ductus exercitus meus Dacorum gentes imperia populi Romani perferre coegit.*

on le supposa,[5] soit il s'agit de deux actions séparées, une constatation s'impose: il est certain que lors des événements deroulés entre les années 2 et 12 ap.J.C.[6] les unités navales romaines contribuèrent au succes des actions militaires, assurant, entre autres, la traversée du fleuve.

Les années suivantes (12-15 ap.J.C.), la participation de la flotte romaine aux événements militaires dans celle zone fut très importante. Ainsi en 12 ap.J.C., une légion commandée par P. Vitellius, transportée en hate à l'aide des navires sur le Danube, réussit de libérer la cité Aegyssus, conquise par les Gètes, et de rétablir la situation.[7] Bien que les sources ne nous renseignent pas avec précision, on peut supposer que les escadres danubiennes – constituées déjà à l'époque en *classis Moesica* – eussent aussi participé aux opérations militaires de 15 ap.J.C., lorsque les Gètes sont vaincus par L. Pomponius Flaccus.[8] Ainsi, la flotte mésique se montra dès ses débuts comme un important instrument de maintien de l'autorité romaine sur le cours inférieur du Danube, autorité qui justement venait de s'affirmez.

L'élargissement de l'influence romaine jusqu'au nord de la Mer Noire, commencé dès le règne de Claude, allait se concrétiser, tout d'abord par l'intervention des Romains dans les affaires du royaume du Bosphore Cimmérien (la Crimée orientale et la péninsule de Taman). Une première action fut entre prise en 46 ap.J.C., lorsque le gouverneur de la Mésie, A. Didius Gallus, engageant une expédition au nord de la Mer Noire, écarta le roi Mithridate, qui avait essayé de renverser la souzeraineté romaine, et installa comme roi Cotys, le demi-frère de Mithridate.[9] On a supposé, à juste raison, que la flotte mésique jouait un rôle important dans la réussite de cette opération;[10] elle assura non seulement le transport des troupes et des matériaux de guerre,[11] mais aussi la liaison directe avec l'Empire.

Quelques années plus tard, sur le fond de l'intérêt particulier que Neron accordait au nord de la Mer Noire,[12] les actions des Romains dans cette zone avait gagné de l'ampleur, culminant par la demonstration de force effectuée par le gouverneur de la Mésie, Plautius Aelianus. L'inscription célèbre de Tibur nous renseigne, entre autres, qu'Aelianus écarta le danger scythique qui menaçait Chersonèse.[13] Il est difficile de savoir sous quelle forme se présenta l'aide accordée par Aelianus, au cours des années

---

5. R. Vulpe, *DID*, II, p. 41.
6. Pour des précisions d'ordre chronologique sur ces événements voir R. Vulpe, *l.c.*
7. Ovide, *Ex Ponto*, IV, 7, 19-54. ... *donec fluminea devecta Vitellius, unda/ intulit, exposito milite, signa Getis.* Em. Condurachi, *Frontières romains*, p. 84, considére que Ratiaria représenta le point de depart de l'expedition de Vitellius.
8. Ovide, *Ex Ponto*, IV, 9, 75-76.
9. Tacite, *Ann.*, XII, 15, cf. V.M. Scramuzza, *The Emperor Claudius*, Cambridge, 1940, p. 179 et les pages suivantes.
10. D. Kienast, *Untersuchungen*, p. 102-109.
11. C.G. Starr, *Navy*[2], p. 131, n. 18 suppose que le transport des hommes et des aliments dans cette expedition fut confié aux bateaux commerciaux réquisitionnés de Byzance.
12. Voir, généralement, l'ouvrage de W. Schur, *Die Orientpolitik des Kaisers Nero*, Klio, XV, Leipzig, 1923, *passim*, cf. et D. Kienast, *o.c.*, p. 112-113.
13. *CIL*, XIV, 3608, l'écrite 23-24: ... *scythorum quoque regem Cherronensi, quae est ultra Borustenen, opsidione summoto.*

57–67 ap.J.C.,[14] à la cité mentionnée. Il est possible qu'une campagne terrestre eût eu lieu, mais, il est tout aussi probable que cette aide se fût concrétisée par une démonstration de la flotte dans la zonne évoquée.[15] De toute façon, la participation de la flotte mésique à ces événements, dans ce contexte, nous parait fort probable, du moment que, à partir de la période marquant la fin du règne de Néron, les cités grecques des côtes du nord de la Mer Noire seront entrées sous l'influence politique romaine.[16]

Dans la lumière de ces considérations, un certain passage de Flavius Josephus est révélateur. Cette auteur nous renseigne[17] qu'en 66 ap.J.C. la paix des cités de la côte du nord du Pont Euxin était assurée par 3000 soldats lourdement armés[18] et par 40 navires de guerre. Bien que l'exactitude de ces informations eût été mise en doute,[19] il nous semble important qu'à partir des dernières années du règne de Néron et surtout du règne de Vespasien, les unités militaires navales romaines fussent directement impliquées dans l'action de surveillance de la côte du nord de la Mer Noire.[20] Il est fort probable que ces unités eussent fait partie de la flotte mésique.

Nous épuisons ainsi les renseignements se rapportant au sujet des actions de la flotte danubienne devient les trois premiers quarts du Ier siecle ap.J.C. dans la zone qui nous intéresse. Mais il est hors de doute que la flotte mésique continua d'assurer la frontière romaine, notamment le Danube et de contrôler le littoral nord de la Mer Noire. Son activité reviendra au premier plan des opérations militaires dès le déclenchement des longues guerres daco-romaines.

On sait que des principales sources, se référant aux guerres daces, les *Commentaires* de Trajan[21] et la *Gètiques* de Criton,[22] on ne garda que quelques lignes elles aussi sans trop d'importance. La seule source plus cohérente est le LXVIIIe livre de l'*Histoire romaine* de *Dio Cassius*, qui, malheureusement, nous a été transmise seulement par les résumés de Xiphilinos. D'autre mentions puisées chez certains auteurs tardifs et dans les chronographies,[23] peuvent être mises en liaison avec les événements déroulés pendant la première guerre dace.

---

14. W. Schur, *o.c.*, p. 88–89. suppose que le désinvestissement de Chersonèse eut lieu en 63 ap.J.C.; contre D.M. Pippidi, *Contributii²*, p. 362, n. 128.
15. *Ibidem*, p. 326.
16. Voir en dernière ressort E.S. Golubcova, *Rimskaja politika v Severnom Prichernomorie,* Moskva, 1950, *passim*. Pour les actions militaires déroulées par la flotte romaine au Nord de la Mer Noire, voir B.G. Peters, *Morskoe delo v anticinikh gosudarstvakh Severnogo Prichernomorija*, Moskva, 1982, p. 89-120.
17. Flavius Josephus, *Bell.Jud.*, II, 16, 4: "Il n'est plus besoin de parler des *enioi* et des Colhes et sur la triba des Taures, ou des Bosporans et les populations des environs du Pont et sur les peuples de la Meothide, qui auparavant n'avaient pas connu de maître autochtone; mais à présent ils obeissent à trois milles militaires, et quarante grands navires assurent la paix sur une mer qui autrefois n'etait pas travérsée par les navires."
18. R. Saxer, *Epigraphische Studien*, 1, Köln, 1967, p. 91, suppose que ces soldats avaient été détachés de Cappadoce.
19. C. Waschmuth, *Klio*, III, 1903, p. 272.
20. D.M. Pippidi, *o.c.*, p. 326-327.
21. Priscien, VI, 13, p. 205.
22. Criton, en *FGH*, IIB, 4(2)
23. Ammien Marcellin, XXXI, 5, 15: Jordanes, *Get.*, XIII, 101; Georgie Syncellus, I, p. 655, 14-15; Hieromymus, (ed.Helm), p. 194; Aurelius Victor, *De Caesaribus*, XIII.

C'est la raison pour laquelle on connut de sérieuses difficultés lorsqu'on essaya d'établir les événements déroulés ces années-là, au sujet desquels les historiens d'hier et d'aujourd'hui émirent des hypothèses parfois contradictoires. D'autre part le manque de sources historiques est suppléé en large mesure par les reliefs précieux de la Colonne Trajane. En ce qui concerne la valeur de document historique de cette dernière, on a formulé, nous l'avons déjà dit, deux opinions totalement différentes.[24] Cependant, par la corroboration des informations historiques, épigraphiques et iconographiques, on peut obtenir une image d'ordre général, laquelle, si elle ne brille pas par la précision, elle a du moins le mérite de précise la contribution des unités navales à l'effort militaire de l'armée romaine au cours des guerres daces.

En ce qui concerne les guerres de l'époque de Domitien, les sources historiques ne mentionnent pas d'actions de la flotte, un passage de Jordanès y faisant exception, dans le contexte de la campagne de l'an 86 ap.J.C. Après la défaite catastrophique du gouverneur C. Oppius Sabinus,[25] survenue probablement au début de 86 ap.J.C.,[26] Domitien quitta Rome et se dirigea vers la zone menacée par les Daces. L'empereur, qui était accompagné par le préfet du prétoire, Cornelius Fuscus, et par d'autres, aussi, resta quelques mois dans la zone d'opérations du cours moyen du Danube, pour organiser l'expédition. La première mesure organisatrice résida dans la division de la Mésie, en Mésie Inférieure et Mésie Supérieure, le premier gouverneur de cette dernière étant nommé L. Funisulanus Vettonianus.[27]

Dans la deuxième moitié de 86 ap.J.C., Fuscus, accompagné par Vettonianus réussit à repousser les Daces de la Mésie et ce dernier reçut les plus hautes décorations militaires.[28] Plus encore, Jordanes nous renseigne que Fuscus passa le Danube sur un pont de navires afin de poursuivre l'armée de Diurpaneus.[29] Le passage de Jordanes a une double importance. On apprend tout d'abord que Fuscus et l'armée qu'il commandait, passèrent le fleuve, en Dacie, non seulement en 87 ap.J.C., lorsqu'il trouva sa mort et son armée fut décimée, mais aussi l'année précedente, en 86, quand Diurpaneus était encore le roi de la Dacie. Il est vrai qu'on ne connaît pas d'autres

---

24. Voir, *supra*, p. 48
25. Suètone, *Dom.*, VI, 1: Eutrope, VII, 23, 4; Jordanes, *Get.*, XIII, 76.
26. A. Stein, *Legaten*, p. 38; cf. et St. Gsell, *Essai sur la règne de l'Empereur Domitien*, Paris, 1893, p. 211, qui opine pour la fin de l'année 85 ap.J.C.; C. Patsch, *Kampf*, p. 5, suppose que la guerre commence en hiver 85–86 ap.J.C.
27. *CIL*, III, 4013=*ILS*, 1005; *CIL*, XI, 571. La division de la Mésie avait eu lieu donc en 86, peut-être dans la première moitié, mais de toute façon avant la première expedition contre les Daces et non à la fin de l'année 85, comme affirmait St. Gsell, *o.c.* p. 137 parce que Vettonianus reçoit les décorations militaires en qualité de gouverneur de la Mésie supérieure.
28. *CIL*, III, 4013: ... *donato [ab imp. Domitiano Aug. Germanico]/bello Dacico coronis IIII/ murali, vallari, classica aurea/ hastis puris III vexillis (sic) III*. Pour la carrière de Funisulanus Vettonianus, voir A.Stein, *o.c.*, p. 35–38; A. Groag, *RE*, VII, 1910, s.v. *Funisulanus*, col. 301–305; *PIR²*, F 570, p. 225.
29. Jordanes, *Get.*, XIII, 77: *Qua necesitate suorum Domitianus cum omni virtute sua Illyricum properavit et totius pene rei publicae militibus ductore, Fusco praelato cum lectissimis viris amnem Danubii consertis navibus ad instar pontis transmeare coegit super exercitum Dorpanei* (A cause de la peine des siens Domitien etait parti avec tous ses forces en Illyrie et en confiant l'administration de presque toute l'armée à son général Fuscus et à quelques hommes préférés les obligeant de traverser le Danube, contre l'armée de Diurpaneus, sur un pont de bateaux).

détails se rapportant à cette première expédition. Deuxièmement, le texte de l'auteur cité témoigne, malgré le silence des autres sources, de la présence de la flotte romaine dans la zone où se déroulaient les actions militaires.[30] Le fait qu'on avait construit des ponts de bâteaux aussi bien en 86 qu'en 87 (lorsque Fuscus passa le Danube pour la deuxième fois) représente une preuve comme il ne peut plus claire de la participation des unités navales mésiques à ces deux expéditions.

Si on connaît peu de choses sur l'activité de la marine romaine pendant les guerres de 86–87 ap.J.C., la contribution des unités navales aux guerres daces de l'époque de Trajan s'avère d'autant plus importante. Un premier problème sur lequel il est nécessaire de diriger notre attention touche à la composition et à la grandeur des escadres navales ayant participé aux guerres. Bien qu'on ne détienne pas d'informations sur ce sujet, on peut supposer que toute la flotte mésique, dont la zone d'action couvrait tout le cours inférieur du Danube,[31] prit part aux opérations militaires. On pourrait y ajouter, éventuellement, le *classis Pannonica* qui surveillait le Danube moyen. Même si l'on admet que cette dernière participa aux guerres, auprès de la *classis Flavia Moesica*, le nombre réduit des navires qu'elles possédaient nous incite de supposer que leurs effectifs ne pouvaient pas suffire pour accomplir les missions d'ordre militaire qu'on leur avait confiées.

Il faudrait donc supposer que dans la zone d'opérations furent encore détachées, au cours des guerres daces, d'autres unités navales. C'est ce qui semble se confirmer d'après une étude récente de l'ouvrage d'Hygine *De metatione castrorum*. Partant d'une analyse judicieuse du texte, N. Gostar affirmait qu'il y avait assez de preuves pour montrer que le grand nombre d'unités militaires qui se trouvaient dans le camp d'un empereur, pendant une campagne, peut être placé au cours de la première ou peut-être de la deuxième guerre dace.[32]

Cette constatation, que l'auteur mentionné n'a malheureusement plus réussi à approfondir dans une autre étude, comme il avait l'intention,[33] est en mesure de nous aider à compléter l'information concernant les unités navales ayant participé à la guerre. Il y a eu fait un passage[34] où l'on trouve cette suite de troupes: [...] *classici Misenates D.Ravennates DCCC*. Si l'on admet que la datation proposé par N. Gostar, pour le texte d'Hygine est la plus acceptable, on peut constater que deux importants contingents militaires navals, formés par des militaires des deux flottes prétoriennes,

---

30. Em. Condurachi, *o.c.*, p. 86–87.
31. E.G. Starr, *o.c.*, p. 132. 32. N. Gostar, *Dacia*, N.S., XXIII, 1979, p. 115–122.
33. *Ibidem*, p. 115, n. 4: "Nous nous réservons pour une autre fois l'occasion d'analyser la datation de l'opuscule *De metatione castrorum*, mais nous nous contentons pour le moment d'anticiper deux constatations: le terme *nationes* (19, 24, 30, 43) pour les unités ethniques est caractéristique pour le Ier siècle, quand on peut rencontrer l'expression *praefecti nationum* (*CIL*, V. 5267 = *ILS*, 27121; P. Collart, *BCH*, 57, 1933, p. 321–327) pour le commandement des troupes. D'autre part, Hyginus (24, 29, 30, 43) rappelle parmi les *nationes* et à côté des *nationes* les troupes ethniques *Gaesati, Palmyreni, Mauri equites, veredarii* (germanici) *exploratores*, qu'on retrouvent dans l'armée de Dacie pendant les années immédiatement suivantes aux guerres daces preuve que ces unités ont participé aux guerres daces de Trajan".
34. Hygine, *De metatione castrorum*, 30; R. Saxer, *o.c.*, p. 38–39 essaie d'approcher ce passage du text de l'inscription *AE*, 1956, n. 124, sur la quelle nous allons revenir. Il est certain que Hygine ne se référait pas aux guerres marcomanes.

celle de Misenum et celle de Ravenne, furent détachées dans la zone d'opérations de Dacie et participèrent aux operations de transfer de troupes, avec les navires de guerre adéquats. Il paraît être normal, les unités respectives ayant le rôle de compléter et de renforcer les escadres militaires danubiennes.

On va connaître aussi quelles furent les actions sûres et probables des flottes romaines, au cours des guerres daces. Une première constatation d'ordre général qui ne trouve malheureusement pas des confirmations dans les sources historiques, réside dans le fait que l'une des taches permanentes des unités navales de combat doit être la surveillance et le contrôle de toute la région ou se déroulaient les operations militaires, c'est à dire d'assurer la paix sur la ligne du Danube.

Les informations dont nous disposons pour illustrer un côté important de l'activité des flottes romaines durant les guerres daces, c'est à dire le transport des troupes, sont plus riches. Il s'agit tout d'abord de ce passage de Dio Cassius d'où il résulte que Trajan avait passé ses troupes au nord du Danube à l'aide des navires.[35] Alors, on peut bien supposer qu'en 101 le passage des unités de terre se réalisa non seulement sur les ponts de navires, représentés sur la Colonne, mais aussi à l'aide des navires de transport. Il est intéressant de mentionner que dans le passage cité on utilisa le terme, qui désignait en général un navire de transport de grandes dimensions[36] et qui pouvait être tracté par un navire de guerre, pour transporter des troupes.[37]

Les reliefs de la Colonne nous offre des informations concernant le transport des troupes sur le Danube à l'occasion de la campagne de Trajan en Mésie, sont controversés. Dès la deuxième moitié du siècle dernier, partant de l'interprétation des scènes XXXI-XLVIII, on arriva à la conclusion que pendant la première guerre une campagne eut lieu quelque part au Bas Danube,[38] mais c'est à peine au début de notre siècle qu'on prècisa que cette campagne avait eu lieu en Mésie,[39] mettant un rapport entre les monuments d'Adamclisi et la grande bataille représentée sur la Colonne.[40]

A présent on accepte unanimement l'opinion selon laquelle, en 101-102 ap.J.C. en hiver,[41] ou en 102 au printemps,[42] après la situation créée par l'incursion des alliés de Decebal en Mésie, Trajan quitta le théâtre de guerre de Dacie et se dirigea en hâte vers la zone menacée où eut lieu, entre autres, la bataille d'Adamclisi.[43] Bien plus, R.Vulpe, disposant d'arguments pertinents, démontra que dans le XLVIIIe livre, 8

---

35. Dio Cassius, LXVIII, 8, 1 (à Tzetz, Chil., II, 62-63): "Après être arrivé à l'Istre, Trajan fit traverser les Romans de l'autre côté, à l'aide des navires, contre les Daces."
36. Voir *supra*, p. 57.
37. J. Scheffer, *Militia navalium*, p. 257.
38. W. Froehner, *La Colonne Trajane*, Paris, 1865, p. 95-107; C. Ciohorius, *Trajanssäule*, p. 146-218; E. Petersen, *Kriege*, p. 34-52.
39. T. Antonescu, *Columna Traiana*, I, Iasi, 1910, p. 108-180.
40. Idem, *Le Trophée d'Adamclissi*, Iasi, 1905, p. 18-20, 209-222.
41. C. Patsch, *o.c.*, p. 66.
42. R. Vulpe, *o.c.*, p. 89. M. Simpetru, *Tropaeum Traiani II. Monumentele romane*, Bucuresti, 1984, p. 150, montre que l'autel d'Adamclisi, si l'on considère son orientation solaire, fut élevé, en 101, en plein été et que cette campagne mésique eut lieu en cette saison, sans exclure l'année 102, mais dans la même saison.
43. Une preuve incontestable d'une grande bataille déroulée à cet endroit est l'ensemble de monuments (le monument triomphal, l'autel funéraire et la mausolée) d'Adamclisi; voir M. Simpetru, *o.c.*, *passim*.

de Dio Cassius, se trouve un fragment de la description de la campagne de Mésie.[44] En analysant le texte respectif on arriva à la conclusion que le procédé utilisé par Xiphilinus est celui de la juxtaposition de certains passages du texte original, de sorte que dans ce passage on représente la bataille d'Adamclisi et non celle de Tapae,[45] comme on considérait. Quel que soit le résultat des discussions sur ce moment des guerres daces, du point de vue de l'ouvrage présent il nous semble important que les scènes XXXIII, XXXIV, XXXV, XLVI nous offrent les preuves de l'utilisation des navires de guerre du type *liburna*,[46] pour le transport des troupes sur le Danube, vers la zone menacée. Il est clair qu'on representa dans les scènes respectives le chemin parcuru par les unités militaires dirigées par Trajan vers la Mésie, pour qu'elles rentrent ensuite en Dacie sur la même route. Ainsi, dans le contexte de la situation de l'an 102 ap.J.C., la contribution de la marine romaine au transport des troupes, dans le plus bref délai, fut décisive.

Peut-être aucun des aspects de l'activité des flottes romaines dans les guerres daces n'est plus important que celui de l'approvisionnement en aliments et en matériaux de guerre, mis en relief non seulement par les représentations de la Colonne mais aussi par certaines sources historiques. Ce n'est pas par hasard que même dans les premières scènes de la Colonne (II, III), est présentée l'activité de transport et d'approvisionnement en matériaux de guerre, de création des bases d'approvisionnement pour les futures opérations militaires, activité au centre de laquelle se trouve les moyens navals de transport.

L'autre épisode au cours duquel la contribution de la flotte à l'approvisionnement de l'armée apparaît clairement indiquée sur la Colonne (les scènes XXXIII, XXXIV, XXXV, XLVI) c'est la campagne de Mésie. Malgré le fait que les bâteaux de transport représentés sur la Colonne sont, sans exception, très schématiquement dessinés, la fréquence dont ils apparaissent, l'ostentation dont on indique leur chargement, suggèrent l'effort particulier que la flotte réalisait pour assurer les troupes romaines avec tout ce qui était nécessaire pour le déroulement de la guerre.[47]

On ne saura, peut-être, jamais quelles étaient les principales bases d'approvisionnement de l'armée romaine dans les guerres daces, ni leur répartition géographique, mais on peut supposer qu'elles n'étaient pas loin du Danube. En ce qui concerne le terme *navarium* de la 33ème ligne du papirus Hunt, dont la signification n'est pas clarifiée, mais qui pourrait être interprété comme un terme militaire,[48] il

---

44. R. Vulpe, *St. cl.* VI, 1964, p. 205–232 = idem, *Studia Thracologica*, Bucarest, 1976, p. 234–265. Voir aussi les considérations de T. Sarnowski, *Germania*, 65, 1987, 1, p. 120–122.
45. H. Darcoviciu, *Dacia de la Burebista la cucerirea romana*, Cluj, 1972, p. 317–320, regarde avec réserve l'interprétation de R. Vulpe, considérant que à Dio Cassius, LXVIII, 8, manque en fait toute la déscription de la campagne de Mésie sans fournir des arguments convaincants.
46. Voir *supra*, p. 52.
47. C.G. Starr, *o.c.*, p. 123 suppose que, en général, dans le dérulement des grandes expedition, la responsabilité de l'approvisionement des troupes revenait presqu'entièrement au service du Commandement général de l'armée. On remarque qu'il n'y a aucun argument qui soutienne cette hypothèse; C. Patsch, *o.c.*, p. 50 ne met pas en doute, comme il etait naturelle le rôle important de la flotte mésique dans l'approvisionnement en aliments et en matériaux de guerre des troupes concentrées sur le Danube.
48. R. Vulpe, *St. cl.*, II, 1960, p. 343.

aurait pu représenter une telle base de approvisionnement de l'armée. En tenant compte des mots qui suivent à ce terme (*ad naves frumentariae*), il est probable que *navarium* eût représenté un grand dépôt de céréales situé sur la rive du Danube, éventuellement integré même à quelque port danubien.

La mention des *naves frumentariae* est particulièrement significative. Ces navires, dont on connaît la forme, la structure et la taille grâce à une représentation d'Ostia,[49] assuraient, sous la protection des troupes de terre, l'approvisionnement de l'armée, en contribuant à la création des stocks de céréales. Ils complètent la série de bâteaux de transport dont disposaient les flottes romaines réunies, au cours des guerres daces, tels: des navires employés pour le transport des divers catégories de marchandises et de matériaux de guerre et des navires employé pour le transport des chevaux (du type *hippago*), tous représentés sur la Colonne. Mais on ne peut pas savoir si ces types spéciaux de bâteaux de transport se trouvaient aux ordres de la flotte militaire, comme il serait logique, ou seulement de l'armée de terre.

En ce qui concerne le cadre chronologique, encore confus, des détachements de troupes mentionnés par *pridianum*, celà ne change pas pas de grandes choses. Soit on accepte la datation du papirus en 99 ap.J.C.,[50] soit en 105 ap.J.C.,[51] comme semble le confirmer une récente découverte épigraphique,[52] il est certain qu'avant l'une des guerre daces, la première ou la seconde, des préparatifs importants furent entrepris et l'approvisionnement en céréales des troupes y occupa un rôle particulier.

Nous allons essayer par la suite de mettre en évidence une importante tache de la flotte, de construire des ponts de navires et d'assurer la sécurité des traversées des cours d'eau.

Comme on le sait, lors de la première guerre dace l'armée romaine passa le Danube sur des ponts de navires bâtis à l'aide des embarcations appelées *ratis* ou σχεδία,[53] construites spécialement pour des situations pareilles. Comme nous l'avons déjà mentionné, dans les scènes IV et XLVIII de la Colonne Trajane sont représentés de tels ponts de navires. Il faut donc supposer que les flottes romaines disposaient des embarcations du type *ratis*, aussi bien que des troupes spécialisées dans la construction rapide des ponts.

Ce qu'on a pris moins en considération jusqu'à présent c'est le fait que les Daces opposèrent une certaine résistance sur la rive gauche du fleuve contre les unités qui traversaient le Danube. C'est ce qui témoigne un bref mais édifiant passage des *Gétiques* de Criton,[54] gardé dans le dictionnaire Suidas, qui affirme: "dès la traversée du fleuve et juste au moment du débarquement ils furent attaqués".[55] Bien que les détails y manquent, il est nécessaire de prendre en considération l'effort des Daces d'arrêter les Romains lors du passage du Danube.

---

49. Voir le châpitre V, 1.
50. R.O. Fink, *JRS*, XLVIII, 1958, p. 107 et les suivantes; R. Vulpe, *o.c.*, p. 337–354.
51. R. Syme, *JRS*, XLIX, 1959, p. 25–33, J.F. Gilliam, *Hommage à Albert Grenier*, Latomus, 58, 1962, p. 749.
52. A. Radulescu, M. Barbulescu, *Dacia*, NS, XXV, 1981, p. 356–357.
53. Voir *supra*, p. 71.
54. Criton, en *FGH*, II B.4 (2)
55. *Suidae Lexicon*, s.v.

On peut même reconstituer le déroulement de cet affrontement, le premier de toute une série de luttes acharnées, en utilisant un passage de Dio Cassius, ou l'on présente un moment des guerres parthes menées par Trajan: "Dès que le printemps s'intalla [a. 116] Trajan entra sur le territoire des ennemis. Etant donné que la région des alentours du Tigre ne possède pas le bois adéquat pour la contruction des barques, l'empereur transporte jusqu'au fleuve, en charriots, des barques construites dans dans les forêts du voisinage de la ville de Nisibis, conçues de telle façon qu'on pouvait les démonter et monter aisément. Il réussit difficilement de dresser un pont de navires à travers le fleuve, au pied du mont Cardynon. Les Barbares, ayant occupé des positions sur l'autre rive, essayaient de l'en empêcher (mais Trajan avait bien des barques et des hommes). Tandis que maintes barques étaient montées en grande hâte, les autres, chargées de soldats lourdement armés et d'archers, protégeaient les premières pour pouvoir avancer".[56]

De ce passage extrêmement intéressant on retient tout d'abord que ces embarcations-ponton du type *ratis* pouvaient être transportées en charriots, pour être employées dans le cas de la traversée d'un fleuve. On trouve une heureuse confirmation de ce procédé sur les reliefs de la Colonne de Marc Aurèle (scène CXI), où l'on remarque deux pareils charriots chargés de pontons.[57] Il y a encore un détail très significatif à noter: dans le cas où les Romains étaient attaqués par les Barbares au moment de la traversée du cours d'eau on pendant l'assemblage des radeaux, les unités spéciales, formées par les soi-disant *classiarii* assuraient la protection de bâtisseurs du pont de bateaux.

Tout en gardant les réserves requises, il ne nous semble pas tout à fait exclus que l'épisode présenté par Criton se fût passé de manière similaire à celui décrit par Dio Cassius dans les guerres parthes. Quoi qu'il en soit, le passage de Criton constitue une nouvelle preuve des actions diverses entreprises par la flotte romaine dans les années 101–102 et 105–106 ap.J.C.

Il est nécessaire à présent de souligner la coopération qui eût existé au cours des guerres daces entre les troupes de terre et les forces navales. Les unités formés des *classiarii* contribuèrent d'une façon décisive au déroulement des opérations militaires. Inévitablement, il était nécessaire qu'on assure aux troupes romaines, et ce fut bien des fois, la traversée des cours d'eau avec assurance et les moindres pertes. Ce n'est que par approximation qu'on peut répondre à la question quelles auront les unités de *classiarii* ayant participé à ces guerres. Il est probable que les deux contingents des deux flottes prétoriennes, mentionnés par Hyginus, eussent été détachés dans la zone d'opérations. Mais cela ne voulait pas dire que les unités de *classiarii* appartenant à la flotte mésique ne furent pas elles aussi présentes aux événements militaires. Il est vrai qu'on n'a aucune indication d'ordre historique dans ce sens, mais il faut penser que ces unités contribuèrent sans doute à l'effort général romain de cette période. Leur existence est témoignée, comme nous l'avons déjà montré, par de nombreuses inscriptions.

---

56. Dio Cassius, LXVII, 26.
57. C. Caprino, A.M. Colini, G. Gatti, M. Pallottino, P. Romanelli, *La Colona di Marco Aurelio*, Rome, 1955, p. 114, pl. LXVIII, fig. 133.

Il est possible que ces militaires de la flotte eussent eu aussi d'autres attributions, en dehors de celles que nous venons de citer. Ainsi, depuis longtemps déjà on essaya d'identifier ces constructeurs de chemins, qui sont figurés dans la scène XCII de la Colonne Trajane, avec les militaires de la flotte. L'identification proposée a comme base la ressemblance entre les vêtements des personnages de cette scène (tunique sur une seule épaule) et ceux ordinaires des marins.[58] L'hypothèse semble être confirmée aussi par un passage de l'ouvrage cité d'Hygine où l'on affirme que les soldats marins sont ceux qui, protégés par la cavalerie légère maure, contribue directement à la construction des chemins.[59]

On ne peut pas conclure ces succinctes considérations sur l'activité des flottes romaines au cours des guerres daces sans évoquez les sources épigraphiques. Il s'agit de quelques inscriptions où sont mentionnés des officiers supérieurs, de rang consulaire, ayant pris part aux guerres daces et ayant reçu aussi, en dehors des autres décorations, *corona classica*. Ce sont: L. Funisulanus Vettonianus,[60] Q. Glitius Agricola,[61] C. Cilnius Proclus,[62] L. Licinius Sura[63] et, fort probablement, D. Terentius Scaurianus.[64]

Comme on le sait, la *corona classica* ou *navalis* est instituée comme haute décoration militaire à l'époque républicaine tardive,[65] étant accordée, en principe, à celui qui se distinguait de façon particulière lors d'une bataille.[66] A l'époque impériale, la *corona classica* représentait la plus haute décoration accordée seulement aux légats de rang consulaire, avec les trois autres coronnes, la *corona muralis*, la *corona vallaris* et la *corona aurea*.[67] On considère qu'à cette époque il n'y avait aucune liaison entre l'attribution

---

58. E. Petersen, *o.c.*, p. 46; C. Patsch, *o.c.*, p. 89, 98, 102.
59. Hygine, *De met castr.* 24 [...] *classici omnes ideo praetendunt quad ad vias numendas premi excunt et quo sint tutiores, a Mauris equitibus et Pannonis veredariis operantes proteguntur*. Voir aussi l'interprétation de M. Lenoir, *Pseudo Hygin. Des fortifications du camp*, Paris, 1979, p. 63.
60. Voir les notes 27 et 28.
61. *CIL*, V, 6977 – *ILS*, 1021 a: [...] *donato ad eadem/ bello Dacico, donis militaribus corona/ murali vallari classica aurea hast puris IIII vexillis IIII*.
62. *CIL*, XI, 1833; A. Del Vita, *Notizie degli Scavi*, 1925, p. 224-225. In *PIR²*, C 732, sur la base des deux incriptions on restitue: *donis militaribus donato ad Imp. Ceas. Nerva Traiano aug. (vel a divo Traiano Parhico) bello Dacico corona murali vallari classica aurea hastis puris IIII vexillis IIII argentis*.
63. *CIL*, VI, 1444 = *ILS*, 1022:[...]*eadem donato hastis puris VIII vexillis VIII/ coronis muralibus II vallaribus II classicis II/ auratio II*. Malheureusement, il manque à l'inscription la partie de début, contenant le nom de celui à qui elle est adressée. E.M. Smallwood, *Documents Illustrating the Principates at Nerva, Trajan and Hadrian*, Cambridge 1966, nr. 219, aussi bien que A. Dóbó, *Inscriptiones extre fines Pannoniae ad res earundem provinciarum pertinentes*, Budapest, 1940, p. 119, nr.177, considére que dans l'inscription il s'agit de L. Licinius Sura. Récemment, N. Gostar, *o.c.*, p. 116, en reprenant les doutes de R. Syme, *JRS*, XLVII, 1957, p. 134, envers cette identification, suppose que le nom du dédicataire serait G. Sosius Senecio, lui aussi participant à la deuxième guerre dace.
64. N. Gostar, *Epigraphica*, Bucarest, 1977, p. 84, en analysant le texte d'une inscription fragmentaire de Nîmes (*CIL*, XII, 3169), tire la conclusion que le dédicataire est D. Terentius Scaurianus et achève la partie de début du texte: [*ab eodem imp. donis donato bello Dacico/ corona vallari murali classica aurea]/ hastis puris III [vexillis III]* [...]
65. Velleius Patercullus, II, 81, 3; Seneca, *De benef*, III, 32, 4; Pline, *Nat. Hist.*, VI, 115; XVI, 7; Dio Cassius, XLIX, 14, 3.
66. Aule Gèlle, V, 6, 18.
67. O. Haebler, *RE*, IV, 1901, *s.v. Corona*, col 1640; O. Fiebiger, *RE*, V, 1903, *s.v. Dona militaria*, col. 1530; A. von Domaszewski, *Die Rangordnung des römischen Heeres*, Bonn, 1908, p. 184.

de ces couronnes à l'officier et les faits qu'il avait accomplis; le critère principal pour les conférer n'était que celui de la hiérarchie militaire, respectivement le rang consulaire de la personne en cause.[68] Autrement dit, selon cette opinion, les légats consulaires recevaient, à la suite d'un événement militaire, toutes les quatre couronnes, qu'ils participassent ou non directement aux actions justifiant leur distribution.

D'après une analyse plus attentive de la véridicité de ces considérations, on peut observer qu'il y a certains éléments qui semblent les infirmer. Pour ne pas nous éloigner trop des événements militaires en discussion, il faut signaler, par exemple, que C. Atilius Rufinus, légat consulaire, reçut seulement trois des quatres couronnes, c'est à dire la *corona muralis*, la *corona vallaris* et la *corona navalis*.[69] L'exemple offert par une autre inscription est encore plus significatif: à L. Minicius Natalis, lui aussi légat consulaire, on accorda la *corona vallaris*, la *corona muralis* et la *corona aurea*.[70]

On remarque donc que les légats consulaires ne recevaient pas toujours les quatre couronnes. A notre avis, l'explication réside dans le fait qu'il n'y avait pas les raisons d'ordre militaire qui puissent justifier l'attribution des deux décorations aux officiers mentionnés: la *corona aurea* pour le premier et la *corona classica* pour le second. Nous pensons donc qu'il ne faut pas considérer absolu le système d'approbation en bloc des quatre couronnes adressées aux légats consulaires, tant qu'il y a des cas pareils à ceux que nous venons de présenter.

Mais il nous semble bien plus difficile à interpréter les cas des officiers qui obtinrent la *corona classica* au cours des guerres daces. Résulte-t-il donc que par cette marque de distinction qu'on leur accorda, eussent-il participé directement aux affrontements navals ou bien eussent-ils contribué décisivement à obtenir quelque victoire lors d'une bataille navale? La réponse à cette question ne saura être que négative. Les sources historiques et les représentations artistiques (la Colonne Trajane) ne suggèrent non plus aucune bataille navale ayant eu lieu dans ces guerres. D'autre part, il est difficile d'accepter l'idée que les Daces auront disposé de navires de guerre et de personnel militaire adéquat, à l'aide desquels ils eussent pu engager des attaques sur le Danube, contre la flotte romaine. Le fait que les officiers cités au-dessus avaient reçu la *corona classica* pourrait représenter, éventuellement, un témoignage des sources épigraphiques sur le déroulement d'une opération militaire à laquelle les flottes romaines avaient aussi pris part. Ce n'est pas sans intérêt que nous rappelons un certain genre d'opérations militaires, précédant les batailles auxquelles la flotte participa, précisément celui de la traversée du Danube, plusieurs fois, des troupes de terre. Il n'est pas exclu que les flottes romaines eussent apporté aussi leur contribution à d'autres événements militaires, qui nous ne connaissons pas. Bien qu'il y ait encore des doutes quant aux affirmations ci-dessus, ces considérations confirment le rôle joué par les flottes romaines – et en l'occurrence la *classis Flavia Moesica* – dans ces guerres.

La période après des confrontations daco-romaines coincide avec l'interruption des informations sur l'activité de la flotte mésique. Bien que les inscriptions la

---

68. E. De Ruggiero, *Dizionario epigrafico di antichita romane*, II, 1910, s.v. corona, p. 1233.
69. *CIL*, X, 8921 = *ILS*, 1041: [...]*donato a divo Tra[iano]/ corona mur[ali] vallari navali/ h[astis puris IIII vexill]is III*.
70. *ILS*, 1029: [...]*donis donatus/ expeditione Dacica prima ab eodem imperatore corona vallari, murali, aurea*.

mentionnent dans toute la période des IIe–IIIe siècles ap.J.C., elles ne nous offrent aucun indice sur la participation de la flotte aux événements historiques qui avaient eu lieu. Mais il est vrai que la longue période où les sources refusent de mentionner la *classis Flavia Moesica* coïncide, dans une large mesure, à l'époque de calme instauré dans le région danubienne et au Nord de la Mer Noire, à partir du règne de Trajan. Exceptées les guerres marcomanes, auxquelles la flotte mésique ne pris pas part, depuis les guerres daces et jusqu'aux grandes invasions gotho-carpiques de la première moitié du IIIe siècle ap.J.C., aucun événément important n'eut plus lieu qui puisse justifier la mobilisation des escadres mésiques, sauf, peut-être, l'invasion des Costoboques de l'an 170 ap.J.C.[71]

Au stade actuel de la documentation dont nous disposons il est difficile à dire en quoi aura-t-il résidé l'activité de cette flotte au cours des IIe–IIIe siècles ap.J.C. Il faut supposer que les navires de la flotte eussent continué à assurer la surveillance de la ligne du Danube et du littoral nord et ouest de la Mer Noire, jusqu'à la zone qui était confiée à la flotte pontique. Ils contribuaient ainsi au déroulement d'autres activités dont celles de nature commerciale n'étaient pas le moins importantes. Il ne faut pas ignorer non plus, quant aux attributions de la flotte mésique, le service de l'annone, comme aspect important dans l'économie de l'époque impériale. Il est très probable que les navires de guerre eussent assuré la protection des convois de navires commerciaux transportant des céréales, sur le Danube, en amont, vers l'Italie.[72]

Enfin, il faut rappeler que la flotte mésique assurait le bon déroulement de l'activité douanière à la frontière de l'Empire, c'est à dire au long du fleuve. Nous avons de fortes raisons de croire que, tout comme dans d'autres provinces,[73] il existait une coopération entre les facteurs militaires et fiscaux, c'est à dire les agents douaniers des stations douanières de la frontière. Cette coopération se concrétisait, d'une part, par le redoublement des bureaux douaniers des stations de bénéficiaires qui surveillaient directement l'encaissement des taxes,[74] et d'autre part, par le contrôle général exercé par la flotte. Dans ce contexte, il nous semble significatif le fait que certains bureaux douaniers de la ligne du Danube[75] se trouvaient dans les bases de la flotte mésique.

---

71. A. von Premerstein, *Klio*, XII, 1912, p. 145–164; I.I. Russu, *Dacia*, NS, III, 1959, p. 349–351. Des échos du passage des Costoboques par la Dobroudja on trouve dans deux inscriptions de Tropaeum Traiani: *CIL*, III, 14214 ^{12}; E. Popescu, *St. cl.* VI, 1964, p. 192–200.
72. On trouve une situation similaire dans l'inscription de *Diana Veteranorum* (*AE*, 1956, nr. 124 = H.G. Pflaum, *Carrières*, II, p. 176, n. 181).
73. S.J. De Laet, *Portorium. Etude sur l'organisation douanière chez les romains sourtout à l'époque du Haut Empire*, Brugge, 1949.
74. *Ibidem*, p. 208.
75. Jusqu'a présent, sur le cours inférieur du Danube on a une documentation rigoureuse pour les bureaux douaniers suivants: *Dierna* (*CIL*, III, 1568); *Drobeta*, (Al. Barcacila, *Une ville daco-romaine*, dans l'*Archéologie en Roumanie*, Bucuresti 1938, p. 41); *Sucidava-Celei* (*CIL*) III, 8042); *Dimum* (*CIL*, III, 13396 et *ISM*, I, 67–68), *Durostorum* (*CIL*, III, 7479, avec les observations de S.J. de Laet, *o.c.*; p. 205, n. 3). Sur la posibilité d'établir l'endroit où se trouvait un bureau douanier, partant des témoignages d'ordre épigraphique, voir N. Gostar, *SCIV*, 2, 1951, 2, p. 166–172. On suppose d'autres bureaux douaniers à *Margum* (*CIL*, II, 8140); *Almus* (*CIL*, III, 6124,); *Novae* (A. Dóbó. *Publicum Portorium Illyrici*, Diss. Pan., ser. II, f. 16, nr. 168, 181); *Capidava* (*ISM*, V, 10, 12); *Troesmis* (*ISM*, V, 134, cf. O. Bounegru, Istros, *Anuarul Muzeului Brailei*, IV, 1985, p. 143–145.

Dans l'ensemble, on peut considérer que la flotte mésique, tout au long de son existence, réussit, jusqu'à un certain point, à accomplir les taches qui lui revenaient. Certes, elle ne put pas prévenir les incursions toujours plus fréquentes des Barbares au sud du Danube, surtout parce que souvent de ces invasions avaient lieu en hiver, lorsque les navires de guerre demeuraient immobilisés dans leurs bases navales.[76] Au milieu du IIIe siècle ap.J.C., du moins dans la zone de littoral entrant dans sa sphère d'activité, la flotte fut complètement dépassée par les événements et ne réussit pas à arrêter les vagues énormes de Barbares. Il s'agit des grandes invasions des années 258,[77] 263[78] et 267,[79] se déroulant toutes sur la mer. En 267 les Goths réussirent à arriver jusqu'à la Mer Egée, où leurs navires furent détruites par la marine romaine, probablement l'une des flottes prétoriennes, ce qui démontre que la flotte mésique se trouvait déjà dans la situation de ne plus intervenir à temps et avec efficacité contre les incursions maritimes toujours plus fréquentes des Barbares nord-pontiques. Comme on va remarquer ci-dessous, c'est à peine au carrefour des IIIe et IVe siècle ap.J.C., lorsqu'on réorganise la flotte danubienne sur d'autres bases, qu'on pourra arriver de nouveau à un contrôle effectif de la ligne du Danube.

2. *L'activité de la flotte aux IVe–VIe siècles ap.J.C.*

Les importantes réformes dans le domaine politico-administratif, économique et militaire, ont affecté en égale mesure d'autres régions de l'Empire, tout comme les provinces du Bas Danube, à l'époque des empereurs tétrarques[80] et ensuite à l'époque de Constantin I,[81] elles représentèrent, en dernier ressort, la reconsidération graduelle de tout le schéma d'organisation et de la structure de défense même, par la mise en évidence de certaines troupes, l'apparition et l'utilisation massive de la réserve à l'arrière du limes, l'élargissement *de facto* du concept de *limes* et de la zone même de défense à l'échelle de toute la province limitrophe. Dans le cadre de cette nouvelle conception défensive, dont les racines remontaient à la deuxième moitié du IIIe siècle ap.J.C., la flotte devait remplir un rôle bien important, aussi bien comme moyen de transport au niveau des infrastructures économiques et militaires, qu'élément distinct du système de défense.[82]

Les sources littéraires et historiques, administratives ou juridiques de l'époque nous offrent des mentions relativement nombreuses sur la présence et l'implication directe

---

76. C.G. Starr, *o.c.*, p. 136–137.
77. Zosime, I, 34, 2.
78. Jordanes, *Get.*, 20, 1.
79. *SHA, Vita Gallieni*, 13, 6 sur les interprétations de D.M. Pippidi, *o.c.*, p. 464–480.
80. Sur les réformes de Dioclétien, voir W. Seston, *Dioclétien et la Tétrarchie*, Paris, 1946.
81. Sur Constantin et son activité réformatrice voir A. Piganiol. *L'Empereur Constantin*, Paris, 1932; J. Vogt, *Constantin der Grosse und seine Jahrhundert*[2], München, 1960; I. Barnea, O. Iliescu, *Constantin del Mare*, Bucarest, 1982.
82. Pour classis à l'époque romaine tardive, voir I. Fiebiger, *RE*, III, 1899, *s.v. Classis*, col. 2646–2648; R. Grosse, *Römische Militärgeschichte von Gallienus zum Beginn der byzantinischen Themenverfassung*, Berlin, 1920, p. 71–73; Ch. Courtois, *Revue Historique*, 186, 1939, p. 17–332. Pour la zone du Bas Danube, voir A. Aricescu, *Armata*, p. 119–121; C. Chiriac, *SCIVA*, 35, 1984, 4, p. 301–310.

de la flotte dans les plus différents moments de l'histoire des régions du Bas Danube: activités de transport et de transbordement des marchandises ou des troupes de la mer sur le fleuve; l'approvisionnement des fortifications sur les limes, constructions de ponts fixes tel celui d'*Oescus-Sucidava*, ou mobiles, de pontons; blocage des certaines forces ennemies aux points obligatoires de passage; pénétration sur le fleuve pour déjouer les tentatives d'attaques par surprise; engagement effectif en lutte contre les troupes ennemies déjà pénétrées sur le Danube etc. Bien sûr, le même genre d'activités étaient exécutées aussi par la flotte de l'époque du Principat, mais la multiplication des actions dans le cadre des nouvelles unités administratives, diminuées territorialement, imposèrent des missions supplémentaires pour chaque catégorie de troupes, y compris la flotte.

A la suite des réformes de Dioclétien, le tableau administratif au Bas Danube comprenait les provinces Mésie Première, Dacie Ripensis, Moesia Seconde et la Scythie dont les frontières nord étaient delitées par le fleuve sur une distance de plus 1300 km, au long duquel la flotte accomplit de diverses activités économiques, logistiques ou du domaine militaire.

Une mention spéciale s'impose pour la Scythie Mineure. Reconnu dès le IVe siècle ap.J.C. pour son importance stratégique, dans la partie orientale de l'Empire,[83] le territoire situé entre le Danube et la mer posait des problèmes supplémentaires du point de vue des actions des forces navales. Si pour les trois autres provinces (la Mésie Première, la Dacie Ripensis et la Mésie Seconde), la rive nord du fleuve, sans sinuosités et avec la plaine du Danube facilement à surveiller, ne posait pas de problèmes particuliers aux activités de routine de la flotte, les forces navales de Scythie, avec un limes qui *latius diffusiusque porrigitur*,[84] avaient plus de problèmes à résoudre. Province fluviale et maritime à la fois, la Scythie devait être défendue notamment dans les zones les plus exposées aux attaques des Barbares, les marais de Ialomita et de Braila et le Delta du Danube. Le littoral de l'ouest de la Mer Noire, délimitant les deux provinces ponto-danubiennes, avec ses nombreux ports, rendait encore obligatoire l'existence d'une escadre maritime permanente, pour la surveillance côtière, et également d'une flotte marchande.[85] Dans ces conditions, on comprend que l'attention accordée à la flotte de *limes Scythicus* était tout à fait particulière, ce qui est attesté par les sources littéraires-historiques, juridiques ou épigraphiques surtout à partir de la deuxième motié du IVe siècle ap.J.C.

On connaît peu l'activité de la flotte sur le Danube et sur la Mer Noire, dans la première motié du IVe siècle ap.J.C. Ainsi, on est dans l'impossibilité de connaître à présent l'intense activité navale des deux unités géographiques, fleuve et mer, à l'époque de la Tétrarchie, concernant autant les guerres du Bas Danube que la construction ou la consolidation des nombreuses *castra* et *castella* des limes. L'activité de la flotte semble avoir été aussi intense lors des actions militaires entreprises par Constantin I au nord du fleuve contre les Goths, lorsqu'on annexa de vastes régions

---

83. Acta SS., ian. III 235 (a. 368); *ipso locorum situ Imperio Romano necessarios videbat*, Sozomène, VI, 2, 2.
84. *CTh.*, 7, 17, 1.
85. V. Beševliev, *Spätgriechische und spätlateinische Inschriften aus Bulgarien*, Berlin, 1961, nr. 96; *CTh.*, 13, 5, 12; 13, 5, 19.

de la Valachie, ou lors de la construction du pont de pierre d'Oescus-Sucidava à l'aide directe des forces navales, inauguré officiellement en 328 ap.J.C.[86]

L'époque de Constance II, l'un des empereurs ayant largement contribué à la structuration du schéma d'organisation militaire qui se retrouve dans la *Notitia Dignitatum*,[87] ne fournit pas d'information sur l'activité de la flotte, bien qu'elle se fût manifestée intensément au cours de son règne.

Themistios, Ammien Marcellin et Zosime nous offrent plus de détails sur les activités de la flotte sur le Danube lors du conflit romaino-gothique des années 367–369. En parlant des préparatifs en vue du déclenchement de la guerre avec les Goths, ordonnés par Valens en 366, Zosimos affirme que l'approvisionnement des garnisons des limes se réalisait "à l'aide d'un nombre de navires de transport".[88] Des navires maritimes de transport qui naviguaient dans le Pont Euxin, les marchandises étaient transbordées aux bouches du Danubes sur des navires fluviaux et ensuite mises en dépôt dans les villes danubiennes "pour que l'armée puisse s'approvisionner tout de suite". Le passage précise donc le courant de marchandises, par le Pont Euxin vers le limes danubien, sur les navires de transport appartenant bien sûr à l'escadre maritime de la flotte des deux provinces aussi bien que sur des navires appartenant à d'autres unités.[89] Le transbordement des marchandises sur de navires fluviaux pour l'approvisionnement des garnisons, suggérerait qu'à cette opération étaient présents des groupes de navires devant distribuer les effectifs et les aliments vers les divers secteurs de limes ou, plutôt, dans les principaux centres fluviaux dont ils appartenaient peut-être.

Dans la campagne de la première année de conflit (367) le corps expéditionnaire romain fut concentré à *Transmarisca*.[90] L'escadre de *naves amnicae* et les marins de la flotte, spécialisés pour de telles opérations, assurèrent à cette occasion le pont flottant entre cette localité et la forteresse *Daphne* située sur la rive nord du fleuve,[91] pont que les unités romaines passèrent en toute sécurité.

Les détails offerts par Ammnien Marcellin montrent que dans la composition de l'escadre de *Transmarisca* il y avait des navires spécialement aménagés, *naves forae*, sur lesquels on plaçait *tabulae* qui formaient ce *pons*.

Au printemps 368 la flotte allait exécuter un nouveau pont de bateaux, mais les innondations abondantes du Danube empêchèrent toute activité, tenant les troupes bloquées dans la zone *vicus Carporum*, à l'endroit où l'on suppose que l'empereur voulait traverser le fleuve.[92]

Pendant la dernière année de guerre (369), les escadres danubiennes assurèrent la construction d'un autre pont de bateaux, près de *Noviodunum*, pour aider les troupes de terre de traverser le Danube[93].

---

86. D. Tudor, *Podurile romane la Dunarea de Jos*, Bucaresti, 1971, p. 155–197.
87. M. Zahariade, *Moesia Secunda Scythia si Notitia Dignitatum*, Bucuresti, 1988, p. 183.
88. Zosime, IV, 10.
89. *Ibidem.*
90. Ammien Marcellin, XXVII, 5, 2–4.
91. La localisation exacte de cette cité, complètement détruite à présent et non identifiée, est donnée par Procopius, *De Aedif*, IV, 7, 7–8. Des hypothèses controversées chez P. Diaconu, *Pontica*, 4, 1971, p. 311–312; *Idem. Stud. Balc.*, 10, 1975, p. 87–93; M. Zahariade, *SCIVA*, 28, 1975, p. 391–402.
92. Ammien Marcellin, XXVII, 5, 5; cf. et I. Barnea, *DID*, II, p. 394.
93. Ammien Marcellin, XXVII, 5, 6.

Lorsqu'on conclua la paix, au mois d'août de 369, en présence de l'empereur Valens et d'Athanaric, la flotte romaine réalisa un pont à l'aide des navires, sur lequel l'empereur s'entretien avec le chef visigoth, juste au milieu du fleuve, à cause du refus obstiné de ce dernier de mettre son pied sur la terre romaine.[94] C'est Themistios qui offre une image beaucoup plus circonstanciée du rôle de la flotte lors de l'entretien entre les deux chefs, étant donné aussi le caractère panégyriste de l'écriture: "Voulant conclure un traité de paix, le fleuve l'appuya et déploya ses eaux tranquilles devant les trirèmes qui portaient le message de la paix. Elles ballotaient sur les vagues on aurait dit dans un port. Les navires parraissaient avoir pris des racines par leurs ancres".[95]

En 376 aussi la flotte est maintenue comme facteur de base dans l'opération de déplacement des masses de visigoths dans l'Empire.[96] L'expression *navabatur opera diligens* indiquerait une certaine intensité des opérations navales destinées à la traversée du Danube. Conformément au texte d'Ammien Marcellin, pour cette action semblent avoir été mobilisés aussi bien les navires de guerre, *naves*, que ceux de transport, *rates*, et d'autres moyens improvisés par les Goths. Le récit de l'historien contient egalement l'information que les navires patrouillaient sans cesse sur le fleuve pour interdire à d'autres groupes de Visigoths de le traverser de Danube.[97] La precision est d'autant plus précieuse qu'elle permet la connaissance des modalités d'interdire aux Barbares, à l'aide de la flotte, de traverser clandestinement le fleuve. Les navires du type *ratis* sont mentionnés aussi dans l'épisode du passage non-officiel des Tervingues dans l'Empire, peu après la grande opération de déplacement, en été 376 ap.J.C.[98]

Un important événement auquel furent impliquées les forces navales de Scythie se passa en 386, moment qui coïncida avec la visite de l'empereur Theodose I dans ce district danubien.[99] L'épisode est raconté uniquement par Zosime.[100] En automne 386, un important groupe de Greutungues sollicitèrent aux autorités romaines de traverser le Danube. L'événement semble avoir eu lieu sur le Danube maritime, Zosime précisant qu'après une marche "très légère par le territoire des Barbares", les Greutungues touchèrent la rive du fleuve. Il est probable que l'action ait gravité autour du grand centre militaire de *Noviodunum*,[101] qui était en même temps le meilleur gué pour la traversée du Danube. C'est ce qui pourrait expliquer les disponibilités de Promotus, *magister militum per Thracias*[102] de déployer des forces importantes au long

---

94. *Ibidem*, XXVII, 5, 9-10.
95. Themistios, *Or.*, X, 133.
96. Ammien Marcellin, III, 4, 5.
97. *Ibidem* XXXI, 5, 1, montre que: *navigia ultro citroque discurrere solita transgressum eorum prohibentia quiescere perspexissent*, ce qui impliquait aussi des actions de surveillance de la rive nord.
98. *Ibidem.*
99. V. Velkov, *Eunomia*, 5, 1961, 2, p. 49-62.
100. Zosime, IV, 38-39.
101. Il est difficile d'apprécier si après le désastre d'Adrianople de 378, *Noviodonum* avait encore maintenu intactes les forces de terre mentionnées dans le passage respectif de *NDOr.*, 39, 25, 32-33. En tout cas, il résulte des affirmations de Zosime, IV, 38-39, que ce contingent naval était le plus important du secteur de limes du Danube maritime, sinon de tout les *limes* de Scythie.
102. A.N.M. Jones, J. Morris, J.R. Martindale, *Prosopography of the Later Roman Empire, I, A.D. 260-395*, Cambridge, 1971, *s.v. Promotus.*

du fleuve et de se servir promptement de la flotte qu'il avait à sa disposition dans la zone.

Parce que le forcement du fleuve paraissait iminent, Promotus prit la mesure de recouvrir le secteur menacé par des forces déployées en amont et en aval de l'endroit de concentration des Greutungues. En même temps en apprenant qu'il est possible que les Greutungues passent le Danube pendant la nuit, le commandant romain engagea aussi une partie importante de la flotte. L'épisode est présenté par Zosime, IV, 39: "Le commandant des troupes, Promotus ... prit des mesures pour anéantir les plans des Barbares. Il plaça les navires, proue contre proue, sur une largeur de trois vaisseaux, et tachant qu'ils soient rangés sur une longue distance, il occupa la rive du fleuve sur une longueur de vingt stades, tout en barrant le passage des ennemis sur cette portion; du reste des navires il alla à la rencontre des barques à rames qui essayaient de passer et fit sombrer ceux qu'il rencontra. Comme la nuit était sans lune, les Barbares ignoraient les préparatifs des Romains, alors ils commencèrent le travail en silence et, sans le moindre bruit, s'embarquèrent dans les barques tout en pensant que les Romains ne connaissaient pas ce qu'on avaient préparé ... Les Romains approchèrent des ennemis, partirent contre eux avec leurs grands navires et ils ramaient sans que quelqu'un des ceux qui tombraient dans l'eau puisse se sauver, à cause du poids des armes. Les barques qui échappèrent à ceux qui patrouillaient avec les navires et rencontrèrent les bâteaux rangés tout au long du fleuve, furent frappées avec tout ce que les Romains avaient sous les mains et sombrèrent avec leurs occupants, sans que personne puisse percer le barrage de navires des Romains. Le massacre fut si grand, comme on n'eut jamais connu de pareil lors de quelque bataille navale, que le fleuve devint plein de cadavres et d'armes qui de par leur nature pouvaient flotter sur l'eau. Ceux qui réussirent à passer le fleuve à la nage, rencontrèrent les navires rangés au long de la rive du fleuve et disparurent."

Avant d'aborder l'analyse du récit de Zosime, nous voudrions attirer l'attention sur la présence et l'utilisation, à l'époque, d'un "grand nombre de monoxiles", à l'aide desquelles les Greutungues essayèrent de traverser le fleuve. Si le blocage des forces ostrogothes fut fait dans la zone de *Noviodunum*, et c'est ce qui paraît le plus probable, comme toute l'action – depuis l'arrivée des Ostrogoths à la bataille navale – se déroula en 2–3 jours, et comme la libération des autres secteurs du *limes*, tel le Delta, semble difficile à accepter, la grande concentration de forces navales dans un seul endroit, telle la base de *Noviodunum*, est encore plus impressionnante.

Un autre problème soulevé par le passage de Zosime concerne la tactique employée par Promotus. Le blocage des forces ostrogothes une fois réalisé, l'attaque décisive s'effectua avec les grands navires de guerre, la flotte de monoxiles et de barques à rames des Ostrogoths étant complètement détruite. En ce qui concerne les catégories de bâteaux utilisés dans cette opération, elles doivent avoir compris au moins une partie des ceux mentionnés dans la *Notitia Dignitatum* en 394/5, quand on rédigea, avant la révision finale, la section pour la Mésie Secunda et la Scythie[103] et dans un décret-loi de l'an 412 ap.J.C.[104]

---

103. M. Zahariade, *o.c.*, p. 185.
104. *CTh.*, 7, 17, 1.

Malheureusement, il manque des mentions directes sur les actons militaires de la flotte danubienne pendant le Ve siècle ap.J.C. Nous disposons plus d'informations sur les événements du VIe siècle ap.J.C.

Il semble que les techniques navales se sont maintenues non-altérées, bien que les témoignages fussent en quelque mesure contradictoires. Ainsi, si Thephanes Confesseur parle en 601 des embarcations σχεδίας sur lesquelles on dressa des ponts,[105] un important ouvrage d'art militaire de l'époque, le *Strategikon* de Maurice[106] semble témoignes, dans ces préceptes, au début du VIIe siècle ap.J.C., le niveau assez bas des techniques de la traversée d'une fleuve aussi important que le Danube. On fait ainsi mention du mot πλωτάς quand il s'agit d'improviser un pont de bateaux et des "outres de peau de boeuf ou de chevre" pour la traversée des rivières.

Cependant, l'art de la navigation s'était maintenu, semble-t-il, à une cote élevée. Une information bien précieuse de Menander Protector précise que lors du conflit entre l'Empire romain de l'est et les Avars, autour de l'an 580, le Khan Baian, en attaquant la ville de Sirmium et en essayant de faire un pont de navires "craïgnait qu'il ne soit pas empêché par les Romains ... parce qu'il savait surtout depuis longtemps, qu'ils étaient adroits et capables à manier les navires sur le fleuve".[107]

Pendant le conflit entre Vitalian, *comes foederatorum* en Thrace et l'autorité impériale de Constantinople, dans la personne d'Anastase (l'an 513/514), la flotte de Scythie ou de Mésie Secunda put participer, dans le corps expéditionnaire du premier, aux campagnes menées contre la capitale de l'Empire, bien que les indications directes sur la localisation de certaines escadres de ces provinces manquent.[108] Certaines sources appelèrent Vitalian "le Scythe", indiquant, probablement, ainsi la province où il naquit, ou peut-être le district où il exerçait sa fonction, ce qui impliquait aussi l'engagement des contingents de terre et navals de Scythie.

En 535 Justinien prit la mesure de réunir en une seule éparchie, mise sous la commande directe d'un *quaestor exercitus*, la Mésie, la Scythie, la Carie, les îles Cyclades et Chypre.[109]

Un tel réarrangement paraît au moins curieux du point de vue administratif parce que les liaisons à l'intérieur de l'éparchie étaient extrêmement difficiles entre les deux districts danubiens et les trois districts est-méditerranéens, dont deux comprenaient des îles (Cyclades, Chypre) et un autre continentale-maritime au sud de l'Asie Mineure.

La présence et l'activité de la flotte de guerre sur le Danube est mentionnée également par Theophanes Confessor en 598 ap.J.C., lorsque, pendant le conflit avaro-romain, *magister militum per Thracias*, Priscus, présent à *Novae*, avança avec les embarquées sur la flotte composée de "navires rapides" (*dromones*) sur le fleuve, en amont, jusqu'à la zone de la ville de Singidunum et commença les hostilités avec le Khan avare Baian.[110]

---

105. Theophanes Confeseuor, a. 6093 = 601.
106. Maurice, XI, 11, 17.
107. Menander Protector, 64.
108. Sur Vitalien et sa révolte, voir I.I. Russu, *Obirsia si rascoala lui Vitalian*, dans *Omagiu lui P. Constantinescu-Iasi*, Bucuresti, 1965, p. 133–139.
109. *Iustiniani Novellae*, XLI, 5–30.
110. Theophanes Confeseuor, a. 6090 = 598.

Le passage de Theophanes Confesseur confirme qu'au VIIe siècle étaient maintenues sur le Danube d'importantes bases navales, parmi lesquelles s'inscrit aussi Novae. En même temps, on peut entrevoir, dans le cadre de la flotte, l'existence d'une force navale rapide d'intervention sur le fleuve, dans les points névralgiques, composée de *dromones*, auprès des navires pour le transport des marchandises ayant continué d'exister.

La flotte, en tant que force d'intervention dans le domaine militaire sur le *limes* danubien ou sur le littoral pontique, en tant que facteur de grande importance dans les activités logistiques, dans le domaine militaire, de transport, ou économique, continua donc de jouer, aux IVe–VIe siècles ap.J.C. le même rôle important qu'elle avait détenu au cours des siècles précédents et pour lequel elle avait été destinée dès le début. Composée de divers types de navires, répondant à une large variété de nécessités, dans des conditions géographiques spécifiques, sollicitée de résister à une situation politico-militaire en permanente évolution, elle-même soumise à des changements d'organisation, et probablement de structure, la flotte du Bas Danube représenta au cours des siècles un élément omniprésent dans tous les événements et les actions politico-militaires majeurs, se déroulant, pendant six siècles de domination romaine, dans les régions danubiano-pontiques.

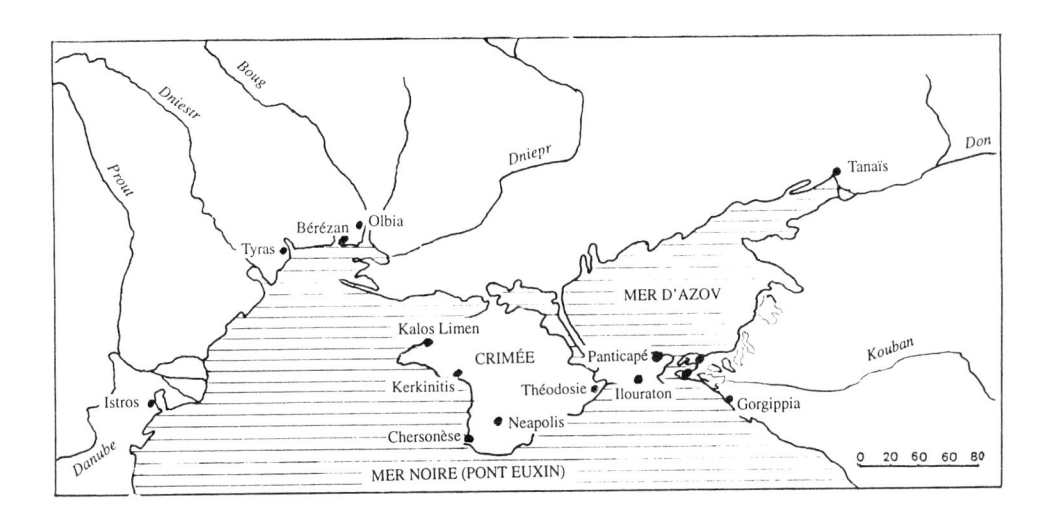

*Fig. 25 Carte de situation des principales villes grecques du nord de la Mer Noire
(après A. Kochelenko, dans Les dossiers d'archéologie, no. 188, 1993)*

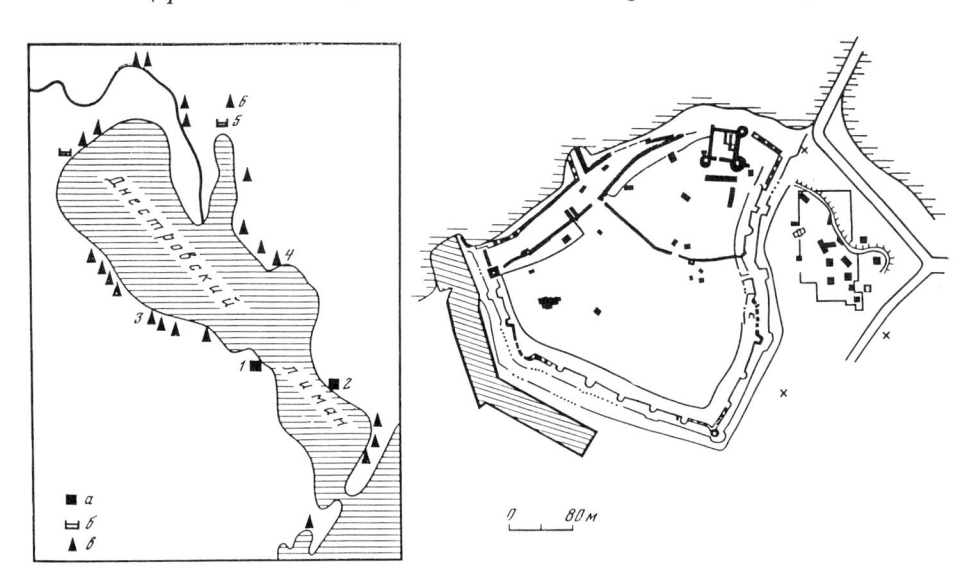

*Fig. 26 La ville de Tyras dans l'embouchure du Dniestr
(d'après Antichnye gosudarstva Severnogo Prichernomorja, Moskva, 1984)*

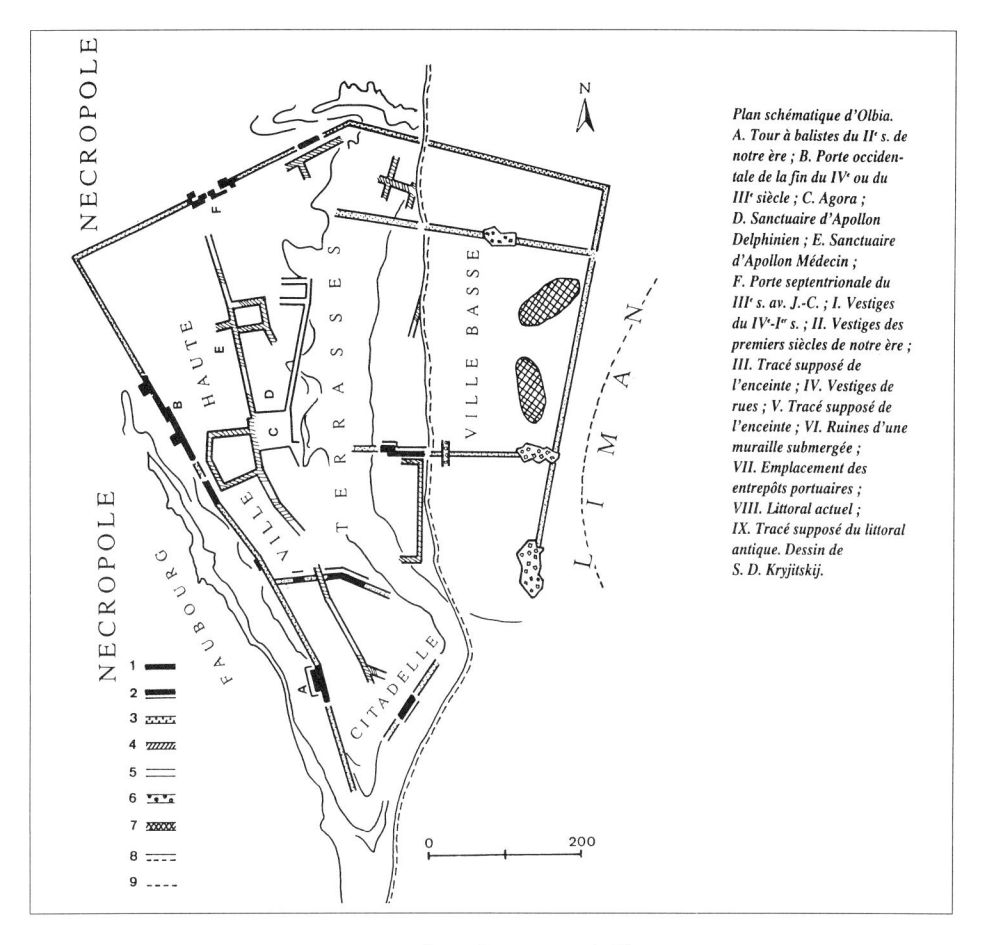

*Fig. 27 Plan schématique d'Olbia.
(d'après S.D. Kryjitskij, dans Les dossiers d'archéologie, no. 188, 1993)*

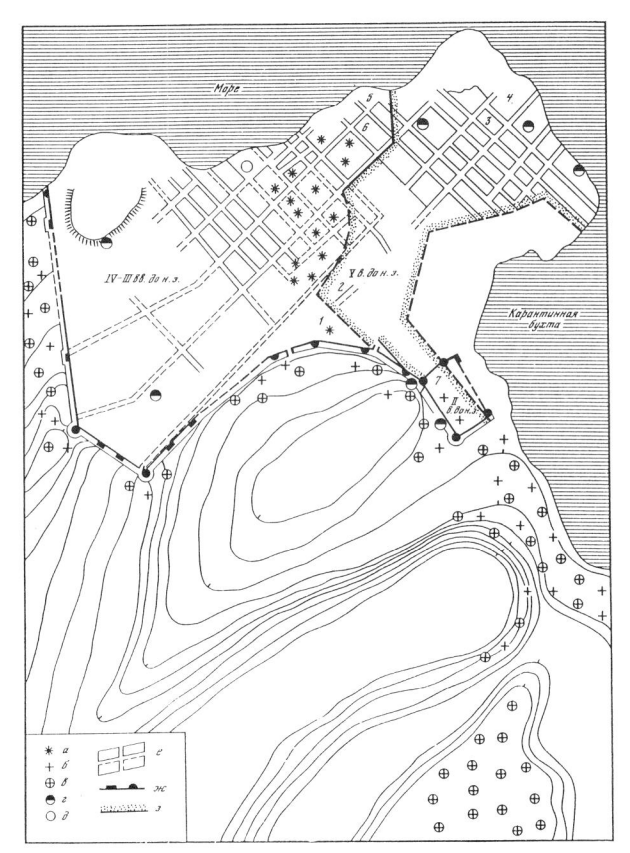

Fig. 28 La ville de Chersonèse
(d'après Antichnye gosudarstva Severnogo Prichernomorja, Moskva, 1984)

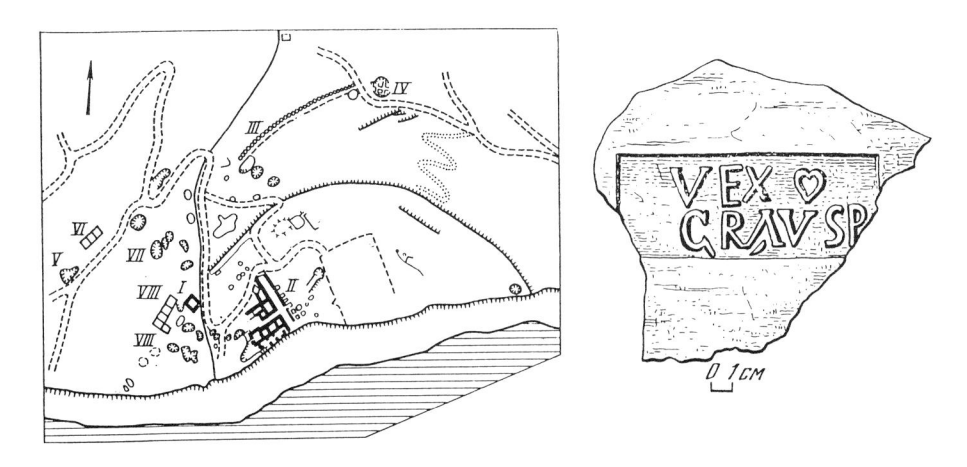

Fig. 29 Charax (d'après Antichnye gosudarstva Severnogo Prichernomorja, Moskva, 1984)

Plan des fortifications de Panticapée. 1. Pervoé Kreslo ; 2. Plateau central ; 3. Plateau occidental ; 4. Skalistyj Vystoup ; 5. Vtoroé Kreslo. Dessin V.P. Tolstikov et I. Krolenko, dans La fortification dans l'histoire du monde grec, *fig. 198.*

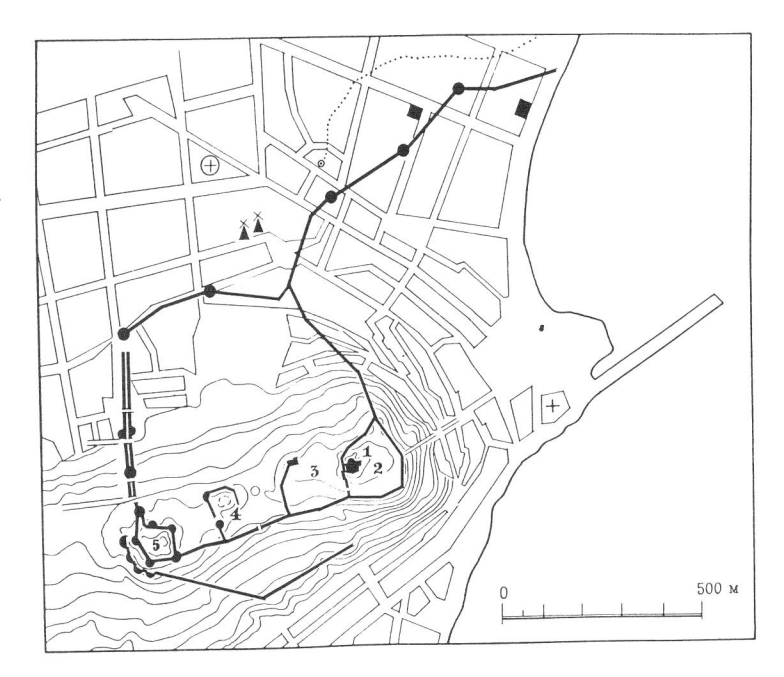

Ci-contre.
Reconstitution de Panticapée avec ses fortifications vers le début de notre ère.
Dessin V.P. Tolstikov.

Fig. 30 La ville de Panticapée
(d'après V.P. Tolstikov i I. Krolenko dans Les dossiers d'archéologie, *no. 188, 1993)*

Supplementum Epigraphicum

1. EPHESUS. D. Knibbe, *JOAI*, 49, Beibl., 1968-1971, col. 1-15:
M. Arruntius M. [fili]um Ter(etina)/ Claudian[u]m, pra[e(fectum) coh]ort(is),/ tribunum [bis], praef(ectum) ala[e et]/ vex[il]li Prae[to]rianorum, doni[s]/ [mil]itaribu[s don]atum hasta pur[a]/ [ve]xillis ar[genteis c]orona aurea/ [e]t coron[a ..., proc(uratorem)] Romae fru/ [menti comparandi] It(aliae), praef(ectum)/ class(is) [Moesicae et ripae Dan]uvi(i),/ [adlectum in senatori]um ordine[m]/ inter aedilicios, pra[etor]em p(opuli) R(omani)/ leg(atum)/ [pr(o) pr(aetore) p]rovinciarum A[cha]iae/ et Asiae bis/ C. Vibius Salutaris e[mico suo].

2. ROMA. *ILS*, 2707: a l'an 80-98.
Q. Atatino Q. f Quir(ino) Modesto/ praef(ecto) fabr. bis.,/ tubicini sacrorum/ flamini Romae, prae/fecto classis Moesic(ae) P. Atatinus Flaccus/ fratri optimo ac piisim(o).

3. *Bretcu*, IDR, I, 25. – Dipl.D XXV, l'année 92, 14 Juin.
Imp(erator) Caesar Divi Vespasiani f(ilius) Domitianus/ Augustus Germanicus pontifex maximus/ tribunic(ia) potestat(e) XI, imperator XXI,/ censor perpetuus, consul XVI, p(ater) p(atriae),/ iis qui militant in classe Flavia Moesica/ quae est sub Sex(to) Octavio Frontone/ qui sena vicena plurave stipendia meruerunt/ item dimissis honesta missione ...

4. SALONAE. *CIL*, III, 8716.
L.Valerio [...] proc(uratori)/ Aug(usti) p[rov(inciae) Dalm ?], praef(ecto)/ classis Flaviae Moesicae, trib(uno)/ leg(ionis), praef(ecto) cohortis/ I Ityr[aeorum] Gal. Niger. pro consobrino.

5. CAESAREA. *CIL*, VIII, 9358; H. Devijver I, no.43, vers l'an 140.
P. Aelio P. f. Palatina Marciano/ praef(ecto) coh(ortis) I Augustae/ Bracarum, praeposito n(umeri) Illyri/corum, trib(uno) coh(ortis) Ael(iae) expeditae, praef(ecto) al(ae) Aug(us/tae) II Thracum, praeposito al(ae)/ Gemin(ae) Seba[sten(orum)], prae/posito classis Syriacae et Augustae,/ praefectus classis Moesiaticae,/ C. Caesius Marcellus veter. ex dec. al(ae) II Thracum.

6. ROMA. *CIL*, VI, 1643; l'an 209-211.
[...] praefecto class(is) Brit(annicae)/ et [...] Moesic(ae) et Pannonicae,/ proc(uratori) et praesidi/ Alpium [...], sub praef(ecto) class(is)/ praet(oriae), trib(uno) leg(ionis)/ XVI Fl(aviae) et praepos(ito) a[lae][...]

7. HISTRIA. *ISM*, I. 360.
[I]ussu et ex de/[c]reto v(iri) c(larissimi) Ovini/ [T]ertulli co(n)s(ularis) ter/[mini] positi inter/ [M]essiam Pude[n]/ [til]lam et vicano[s]/ [Bu]teridavenses/ per Vindium Ve/[r]ianum praef(ectum)/ cl(assis).

8. NOVIODUNUM. *ISM*, V, 281.
[...]au [...] iuu [...] a/ K[r]ystallus alumnus/ Postumi praef(ecti) class(is)/ aput fluentem I[b]e[r]ic(um)/ Romanus infans editus/ alumnus castris mari[que]/ Hibera postquam videri/ at Maura longe moenia/ facta quiescit Moesica/ primaevae pubis indigus/ ut verna florum germin[a]/ vento feruntur Thracico/ Achelous alumnus/ Postumi praef(ecti) c(lassis)/ extima Cappadocum Ponti/ qua iungitur orae me genuit/ tellus moenia sunt Tyan[ae]/ Hermogenes genitor nom[ine]/ c [...] Acheloo artibus/ [Romanus infan]s editus ingen/ [...] oram a homine/ [...] mge [...]

9. Poarta Alba (Constanta). *ISM*, II, 106 (72).
'Αγαθῆι τύχηι΄/ Πόπλί(ου) Αἴλ(ίου) Ἀμμωνίου τοῦ κράτίσ/του ἐπιτρόπου τοῦ Σεβ(αστοῦ), πράξαν/τα τὴν ἐπαρχείαν πιστῶς, ἔπαρχον/ χώρτης Ἑσπάνων, τριβοῦνον/ χώρτης α' Γερμάνων, ἡγησάμενον/ στρατιωτικοῦ ἐν παρατάξει Ἀρ/μενιακῆ στρατιωτῶν ἐπαρ/χείας Καππαδόκων, ἔπαρ/χον ἄλης α' Φλ(αουίας) Γετούλων/ ἡγησάμενον στρατιωτι/κοῦ τῆς ἐπαρχείας ταύ/της, ἔπαρχον κλάσσης Φλ(αουίας) Μυσικῆς Γορδιανῆς,/ Κατυλλείος ἀπελεύθε/ρος τοῦ κυρίου αὐτο/κράτορος Μ(άρκου) Ἀντ(ωνίου) Γορ/διανοῦ Σεβ(αστοῦ) λιβρά/ριος τὸν ἑαυτοῦ/ πραιπόσιτον.

10. NOVIODUNUM. Fl. Topoleanu, *Peuce*, X, 1991; p. 97–100.
I(ovi) O(ptimo) M(aximo)/ et genio/ loci C. Can/d(idus) Germ(anus)/ tr(ierarhus).

11. HISTRIA. *ISM*, I, 281.
[D(is)] M(anibus)/ [L.Aelio] Severino/[triera]rcho cl(assis) Fl(aviae)/[Moes(icae) qu]i vixit an/ nos [...], Claudia Sa/[bina c]oniux me/ [memoriam c]um sarco(phago)/ [mari]to bene me/ [renti] et sibi fe/[cit].

12. CHERSONESUS. *CIL*, III, 14214³⁴; l'an 185.
[... pro sal(ute) imp.]/ M. Au[r]. Ant. Com/modi Aug. et/ Fl. Sergiani Sosibi/ trib. mil. leg. I Ital., iuven [fortasse iu(v)en]/reverentissimi, s(ub) c(uius) c(ura) e(gi), et mea memorumq(ue), T./Aur. T. f. Cam. Secun/dus Rave(nna), tr(ierarchus) classis.

13. CHERSONESUS. G. Alföldy, Gnomon, 56, 1984, p.786.
[.../ vi]x(it) ann(is)/ LV mil(itavit)/ ann(is) XX, Auluz[e]nus o[pt(io)]/ cl(assis) eiu[sd(em)]/ here[s f(ecit)].

14. NOVIODUNUM. *ISM*, V. 273.
Domino/ et Dominae/ l(ibente) a(nimo) posuit/ liburna/ Armata/ (centuriae) Q(uinti) Iul(i) Heliodori.

15. CHERSONESUS, *IOSPE*, I², 556.
[... mil(es) classis]/ Fla(vie) Mo/esice vi[xit]/ annis XX [mil(itavit)]/ annis [... Pris]/cus Mi [...]/ f[ecit].

16. CHERSONESUS. E.I. Solomonik, *Pamiatniki*, p.227–230, no.189.
Caius Valer(ius)/ Vale(n)s/ miles clas(sis)/ [F]lavia(e) Misi(cae),/ liburna/ Sagit(t)a/ posui(t) ara(m) [I]ov(i) Opt[imo]/ [Maximo].

17. CHERSONESUS. B.G. Peters, *Morskoe delo v antichnykh gosudarstvakh Severnogo Prichernomorija*, Moscova, 1982, p. 171.
Dis Manibus/ Aelius Maximus,/ miles classis Moesicae.

18. TYRAS. O. Karyskovskii, *Novye Tirskie nadpisi, Anticinaja Tira i srednevekovij Belgorod*, Kiev, 1979, p. 86–87; l'année 214.
[...] victi{to} pr/o salutei {s} su/um et suor/um ex voto/ posuit Ulp(ius)/ Vale [ns] mil(es)/ cl[a](ssiarius) Messa/la et S[a]bin[o]/ co(n)sulibus.

19. NAISSUS. *CIL*, III, 14567.
D(is) M(anibus)/ L. Cassius/ Candidus/ mil. leg VII Cl./ disces/ epibeta VI,/ an XX[I m.d.]/ IIII militavit/ an.

20. TOMIS. *ISM*, II, 199 (35).
D(iis) M(anibus)/ Val(erius) Valens vet(eranus) [classis]/ Fl(aviae) Moesie me[moriam feci vi]/vo meo mi et [dulcissi]/me coiugi me[ae]/ [Τὴν γλυκυ]τάτην σύβιον [ὅς ἄν/ ἄλλο]ν τιν'ἀντέθη νε[κρὸν/ ἤ πολ]ήσει, <τ>ίν<η> τῷ φίσκω δ(ηνάρια).

21. TYRAS. P.O. Karyskovskii, *Novye issledovanija po arkheologij Severnogo Prichernomorija*, Kiev, 1987, p. 53.
[D(eo) A]sclepio et Hygi(ae)/ [pro] succesu{s} M(arci) Ata/[li P]lacid[i centurionis] leg(ionis) I Ital(icae) L(ucius) Pa/[piri]us Olympicus me/[dic]us vexil(lationis) et M(arcus) Seius Ga/[ugil]ius medicus duplicar(ius)/ [clas]sis Fl(aviae) Moes(icae) v(otum) s(olverunt) l(ibentes) m(erito).

22. MONTANA. V. Velkov, G. Alexandrov, *Chiron*, 18, 1988, p. 272; l'année 147.
Dianae/ Ti(berius) Claudius Ulpianu(s)/ trib(unus) c(o)h(ortis) I Cili(cum) cum vexilla/tionibus leg(ionum) I Ital(icae), XI Cl(audiae), class(is)/ Fl(aviae) Mo(esicae) ob venationem/ Caesarianam iniunc/tam a Cl(audio) Saturnino leg(ato)/ Aug(usti) pr(o) pr(aetore) ursis et vison/tibus prospere captis/ aram consecra/vit Largo et Mes/sallino co(n)s(ulibus).

23. HALMYRIS. Al. Suceveanu, M. Zahariade. *Dacia*, XXX, 1986, 1–2, p. 109–120; l'an 136.
I(ovi) O(ptimo) M(aximo)/ C(ives) R(omani) c(onsistentes)/ vic(o) class(icorum) cu/ra(m) ag(ente) P(ublio) Pom/peio mag(istro)/ Severo et/Jerenniano/ co(n)s(ulibus).

24. HALMYRIS. Al. Suceveanu, M. Zahariade. *Dacia*, XXX, 1986, 1–2, p. 109–120.
[I(ovi)O(ptimo) M(aximo)]/ [C(ives) R(omani) c(onsistentes) vic(o)]/ classicor[um]/ cura(m)agente M(arco)/Paparione St[r]/atonis magistr(o)/ T(itus) Col<l>umel(l)a d[e]/ suo pos<s>uit.

25. HALMYRIS. Al. Suceveanu, M. Zahariade. *Dacia*, XXX, 1986, 1–2, p. 109–120.
I(ovi) O(ptimo) M(aximo)/C(ives) R(omani) c(onsistentes)/ vic(o) [c]lass(icorum) c/[ura(m) ag(ente) ex.gr. Mar]cio/ [...mag(istro)].

26. HALMYRIS. Al. Suceveanu, M. Zahariade. *Dacia*, XXX, 1986, 1–2, p. 109–120.
[I(ovi) O(ptimo) M(aximo)]/ [C(ives) R(omani)/ c(onsistentes)/ [vic]o clas(sicorum)/ [cura(m)/ ag(ente) Fl(avio)/ [ex gr. Domit/io ma/ [g(istro)? C]omm/ [odo et...] c[o(n)]s[(ulibus)].

27. HALMYRIS. Al. Suceveanu, M. Zahariade. *Dacia*, XXX, 1986, 1–2, p. 109–120.
I(ovi) O(ptimo) M(aximo)/ Cives Rom(ani)/consistent(es)/ [vic]o classi(corum)/ [c]uram ag(ente)/ Sos<s>io/ Sos<s>i m[ag(istro)].

28. HALMYRIS. Al. Suceveanu, M. Zahariade. *Dacia*, XXX, 1986, 1–2, p. 109–120; l'an 200.
[I(ovi) O(ptimo) M(aximo)] [C(ives) R(omani) c(onsistentes)]/ vic(o) [class(icorum) cura(m)]/ ag(ente) [...mag(istro)]/ Victor[ino et]/ Seve[ro co(n)s(ulibus)].

29. NOVIODUNUM. ISM, V, nr.283; *Pontica*, XIV, 1981, p. 255–261. Des briques et des tuiles des divers types: CLASSIS FM; CLASFM; CLFLM (avec variantes); CLFM; CLFLMY.
30. TROESMIS. *ISM*, V, nr. 217; brique: [CLASSI] SFM.
31. DINOGETIA. *ISM*, V, 263; brique: CLASSISFM.

Index*

Achelous 43
Adamclisi 49, 96, 97
Ad Malum (Kosava) 86
Aegeta (Brza Palnska) 24, 25, 28, 85, 88
Aegyssus (Tulcea) 8, 92
P. Aelius Ammonius 38
Aelius Maximus 42, 116
L. Aelius Severinus 40, 116
akrostolion 47, 49, 52, 63
Alföldy, G. 116
Aliobrix (Orlovka) 11
Althiburus 46, 59, 63, 70
Altinum (Oltina) 24, 26, 88
alumnus 43, 116
Ammien Marcellin 2, 71, 105, 106
αμφωτρύινος 69
Anastase 108
Ancona 49
annona 26, 33, 35, 60, 102
Antonescu, T. 5, 85
Antonin le Pieux 15
aphlastron 49, 52
Appiaria (Rjahovo) 24, 26, 88
Appien 52
Aricescu, A. vii, 4
armatura 41
Arrien 76, 82
M. Arruntius Claudianus 10, 16, 37, 115
Asclepius 43, 117
Asie Mineure 19, 108, 115

Q. Atatinus Modestus 10, 37, 115
Athanaric 106
C. Atilius Rufinus 101
Auguste 7, 29, 91
Auluzenus 41, 116
Aurelien 25
T. Aurelius Secundus 12, 31, 40, 116
Auxonius 67
Axiopolis (Hinog) 15, 24, 26, 27, 28, 34, 36, 85, 88

Baian 66, 68, 69, 108, 109
Banat 28
Barbosi 1, 11, 36, 88
Barnea, Al. vii
bireme 48, 49, 51, 52, 54
Bistret 88
Bithynie 18
Blavatskii, V.D. 30
Böcking, Ed. 26
Bonosus 68
Bosphore (cimmerien) 92
Bosphore (thrace) 18, 19
Bretcu 37

Caesar 115
Caesarea 37, 115
Calafat 28
Callatis (Mangalia) 1, 15, 75, 76, 78, 80
Canarche, V. 78

---

* sont reperteriés les noms des personnes, les noms de lieux et les plus importants termes administratifs et techniques; l'index ne comprend pas les notes infrapaginales. Les mots Danube et Bas-Danube n'ont pas été reperteriés.

C. Candidus Germanus 11, 41, 116
Capidava 1,15, 85, 88
Cappadocia Pontica 43, 116
Cardynon (le mont) 99
Caria 108
Carsium 15, 85, 88
Carum Portus 82
L. Cassius Candidus 36, 42, 116, 117
Cassius Dio 93, 96, 97, 99
centuria 41, 42, 116
centurio 41, 59, 117
Chapot, V. 33
Charax 2, 12, 15, 19, 30, 31
Chersonèse (Sébastopol) 12, 15, 17, 31, 33, 40, 42, 56, 92, 116
Chituc 80
Cichorius, C. 5
Ciclades (îles) 108
C. Cilnius Proclus 100
Cipru 30, 108
Ciuca, M. viii
classiarii 41, 42, 99
classici 28, 41
classis 4, 24, 28, 29, 32, 33, 35
~barcariorum 64
~Britannica 20, 38
~flumini Rhodani 64
~Histricae 25
~Flavia Moesica 1, 3, 4, 5, 9, 10, 11, 12, 13, 15, 19, 20, 21, 23, 25, 26, 28, 31, 32, 35, 36, 37, 38, 40, 41, 42, 56, 57, 61, 88, 92, 95, 101, 102, 115, 116, 117, 118
~Flavia Moesica Gordiana 22
~inplateypegiis (?) 27, 33, 34, 69
~Misenensis 29, 73, 95
~Moesica 10
~Pannonica 9, 95
~Perinthica 18
~Pontica 18, 19, 31
~Ravennatis 29, 73, 95
~Sambrica 27
~Stradensis et Germensis 38
Claude 17, 18, 41, 92
Ti. Claudius Ulpianus 42
Code Theodosien 2
cohors 2, 27, 33, 115
collegium nautarum 85, 86
Comentiolus 71
comes foederatorum 108
Commode 40, 116, 117
Condurachi, Em. vii, 4

Constance II 35, 105
Constantin I 22, 24, 25, 35, 87, 103, 104
Constantiniana Daphne 71, 105
Constantinople 108
corona aurea 100, 101, 115
~classica 100, 101
~muralis 100, 101
~vallaris 100, 101
Cornelius Fuscus 94, 95
Cn. Cornelius Lentullus 7
Cosma, V. 75
Cotys 92
Courtois, G. 33
Crimée 2, 14, 17, 40, 92
Criton 93, 98, 99
Cyzic 18

Dacie 11, 37, 48, 49, 57, 94, 96, 97
~Ripensis 2, 23, 24, 25, 28, 104
Dalmatie 37, 115
Davidescu, M. 82
Decebal 48, 96
Dertona 38
Diana Veteranorum 19
A. Didius Gallus 92
dieta 52
Dimum 14, 86, 88
Dinogetia 11, 118
Dioclétien 22, 30, 38, 104
Diurpanaeus 94
Dobroudja vii, 1, 3, 4, 5, 11, 14, 67, 68, 69
dolon 51
Dominat (époque) 61, 71
Domitien 4, 9, 10, 94, 115, 117
Dorutiu-Boila, Em. 30
Drobeta 1, 10, 15, 82, 83, 85, 88
dromon 66, 67, 109
Durostorum 14, 21, 26, 64, 88
Duval, P.M. 46

Egypte 69
Elagabal 81
embolion 46, 47, 49, 52
emporion 76
Ephès 115
epibata 42, 117
epotis 49
Espagne 43

Ferrero, G. 33
Fiebiger, O. 4, 33

flamen Romae 37, 115
Flaviana 24, 26, 27, 28, 34, 86, 88
Flave Josèphe 2, 17, 93
Forum Iulii 73
Fritigern 62
L. Funisulanus Vettonianus 94, 100

Genucla 7
George, P. viii
Germanie 9, 16
Gigli, G. 33
Q. Glitius Agricola 100
Gordien 22, 38
Gostar, N. 95
Grosse, R. 33
gubernacula 69
gubernator 41

Hadrien 17, 18, 42
Haiduca Vodenica 83, 85, 88
Halmyris (Independenta) 1, 11, 23, 26, 34, 36, 87, 88, 117
hippago 58, 59, 72, 98
Histria 15, 18, 19, 40, 80, 81, 82, 116
Höckmann, O. 5, 34
Honorius 4, 35
Hygea 43, 117
Hygin 95, 99, 100

Ialomita 28, 104
Isidor de Séville 27, 64
Italie 37, 38, 48, 102, 115
Itinerarium Antonini 14
Q. Iulius Heliodorus 1, 41, 116

Jordanès 94
Julien 63
Justinien 66, 67, 108

Karyskovski, O. 117
Kienast, D. 4
Knibbe, D. 115
Krystallus 43, 116

lanterna 58
legatus Augusti pro praetore exercitus 115, 117
legio I Italica 11, 21, 23, 35, 40, 42, 51, 116, 117
~ I Iovia 23, 24, 33
~ II Herculia 23, 27, 33

~ V Macedonia 25
~ VII Claudia 25, 36, 42, 116, 117
~ XI Claudia 14, 15, 21, 23, 26, 36, 42, 117
~ XI Pont(ica) 14, 36
lembus 57, 62, 63
Liburna 14, 21, 32, 34, 46, 52, 53, 54, 55, 56, 57, 61, 64, 72, 97, 116
~ Armata 11, 41, 56
~ Sagitta 12, 42, 56, 116
Licinius Crassus 7
L. Licinius Sura 25, 100
limes 1, 2, 15, 20, 21, 28, 32, 33, 344, 36, 37, 61, 71, 88, 103, 104, 105, 107, 109
~ Moesiacus 4, 15, 65, 66, 105, 109
~ Scythicus 4, 26, 64, 65, 66, 104

Macedoine 30
Mainz 65, 66
magister 60, 117
magister militum per Thracias 35, 62, 107, 108
Marcianopolis 117
Marcus Aurelius 99, 116
Marengo 38
Margum 24, 25, 28, 88
Marquardt, J. 33
Mauretanie Césarienne 37, 116
Maurice 68, 108
medicus duplicarius 42, 117
~ vexillationis 43, 117
Menander Protector 2, 68, 69, 108
mensor frumentarius 60
Mer Adriatique 31, 42
~ Egee 103
~ Méditerranèenne 29, 30, 64
~ Noire 2, 4, 5, 10, 11, 12, 14, 15, 17, 18, 19, 20, 21, 22, 28, 30, 31, 32, 40, 61, 74, 80, 82, 88, 91, 92, 93, 102, 104
Messembrie 82
miles classiarius 12, 36, 42, 116, 117
milites 24, 41, 42, 117
~ deputatorum 24, 26, 64
~ musculariorium 64
~ nauclarii Altinenses 24, 26, 27, 34, 35, 86
~ tertii nauclarii 24
~ superventores 24, 26, 27, 28, 34, 35
Miltner, F. 46
L. Minicius Natalis 101
Misène 20, 29, 96
Mithridate 92
Mitova-Dzonova, D. 5

Mitrea, B. 31
Mésie 7, 8, 9, 12, 16, 17, 32, 37, 48, 49, 58, 71, 92, 94, 96, 97
~Inferieure 2, 12, 16, 23, 35, 38, 44, 94
~Prima 2, 23, 24, 25, 28, 104
~Seconde 2, 23, 24, 25, 26, 28, 34, 35, 104, 108
~Superieure 16, 25, 35, 94
Mommsen, Th. 41
monoxila 107
Montana 42, 117
musculi Scythici 27, 28, 33, 34, 35, 64
musculus 27, 34, 63, 64

nauta 42
nautae universi Danuvii 15, 33, 85
navalia 36, 76, 85, 100
~legionis 21, 36
navarium 41, 97, 98
naves 2, 62, 106
~agrarienses 35, 64, 65, 66, 72
~amnicae 26, 35, 64, 71, 72, 105
~forae 105
~iudiciariae 35, 65, 66, 72
~lusoriae 35, 46, 64, 65, 66, 72
navicula 23, 26
navis actuaria 46, 62
~aperta 47, 55
~constrata 55
~cubiculata 58, 65, 72
~fluminalis 46, 67
~frumentaria 32, 59
~longa 46, 62, 63, 64, 72
~oneraria 46, 62, 68
~piscatoria 46
Neron 17, 18, 30, 92, 93
Nil (fleuve) 27, 69
Nis 36
Nisibis 99
Notitia Dignitatum 2, 4, 14, 23, 25, 26, 27, 33, 34, 55, 66, 69, 105
Novae 2, 11, 16, 21, 23, 32, 35, 45, 51, 52, 88, 108, 109
Noviodunum 1, 11, 17, 18, 23, 27, 30, 32, 35, 41, 43, 56, 71, 86, 88, 105, 106, 107, 116, 117

Sex. Octavius Fronto 37
Odessus 82
Oescus 25, 42, 104, 105
Olbie 15, 17
ὁλκάς 67, 68

Olt 25
C. Oppius Sabinus 94
optio classis 12, 41
ὅρμος 76, 81, 82
Ostie 58, 60, 73, 98
Ovide 2
Ovinius Tertullus 38, 116

Pannonie 7, 9, 16, 20
L. Papirius Olympicus 32, 117
Patsch, C. 5
Pausanias 68
pedatura classis 31
~inferior 26
~superior 26
Pekary, I. 46
Peters, B. G. 116
Peterson, E. 5
Petrus 68
Pflaum, H.G. 38
Piso, I. 38
Ti. Plautius Silvanus Aelianus 17, 92
plateypegia 26, 34, 69
plateypegiis 27, 28, 34
πλοῖα διάπρυμνα 67, 69
πλωίας 69
Plutarque 55
Polybe 80
L. Pomponius Flaccus 92
Q. Pomponius Rufus 9
πορθμίς 68
portus 23, 31, 43, 72, 76, 78, 80, 81, 82, 83, 85, 86, 88
Postume 11, 38, 43, 116
praefectus 2, 4, 24, 25, 27, 31, 32, 37, 40, 67, 115
~classis 11, 16, 27, 28, 37, 38, 115, 116
~classis Britannica et Germanica et Moesica 38 115
~classis Flaviae Moesicae 10, 38, 115, 116
~classis Histricae 24
~classis Moesicae 10, 38
~classis Moesicae et ripae Danuvii 10, 16, 30, 37, 115
~classis Ratiarensis 24
~classis Stradensis et Germanis 24
~fabrum bis 37
~navium amnicarum 24, 26, 64
~ripae legionis 27, 30, 33
pridianum 2, 98
Principat (époque) 3, 4, 22, 23, 26, 33, 53,

61, 71, 104
pristis 14, 32, 57, 72
Priscus 66, 67, 68, 71, 108, 116
Procope 14
proembolion 47, 66
Promotus 2, 62, 107
propugnaculum 55
proue 46, 49, 51, 52, 55, 60, 66, 69
Ptolémée 14
poupe 46, 49. 55, 58, 60, 66, 69, 70
Puzzoli 73

quaestor exercitus 108

Rasova 1, 60, 86
Ratiaria 12, 14, 25, 32, 57, 69, 70, 88
ratis 14, 32, 57, 69, 70, 71, 72, 98, 99, 106
Ravenne 20, 29, 30, 31, 40, 96, 116
remiges 42
Res gestae divi Augusi 91
Rhône 63
ripa 27
~Danuvii 16
~Thraciae 16
Rome 18, 38, 42, 94, 115
Rostovtzeff, M. 12, 30
Rubrius Gallus 9

Salone 37, 115
Sarnowski, T. 35
Scarlat, C. 75
Scriptores Historiae Augustae 2, 81
σχεδία 71
Scheffer, J. 3
Scythie 2, 23, 24, 25, 27, 28, 31, 33, 34, 64, 104, 106, 108
~Mineure 79, 104
Securisca (Cerkovita) 36
M. Seius Gaugilius 42, 117
Seleucie 78
Septime Sévère 38
Fl. Sergianus Sosibus 40
Seure, G. 14
Sévère Alexandre 38, 81
Sexaginta Prista 14, 32, 57, 61, 88
Singidunum 25, 68, 109
Sinoe (lac) 80
Sinope 18
Siret (rivière) 11
Solomonik, E.I. 5, 116
Starr, C.G. 4

statio 12, 16, 19, 23, 76, 82, 88
Stoian, I. 79
Strabo 8
stylis 49
Suceveanu, Al. vii, 117
Sucidava 28, 104, 105
Suetone 29
Suidas, Lexicon 98
Syrie 37

Tacite 29
taenia 49
Tapae 97
thalamegus 58, 72
Themistios 62, 105, 106
Théodose I 67, 106
Théodose II 4, 35
Thephanes Confesseur 2, 23, 67, 108, 109
Theophanes Continuatus 67
Theophilacte Simocatta 2, 68, 71
Thrace 18, 23, 108
tigna colligata 70
Tigre (fleuve) 99
Tite Live 63
Tomis 1, 15, 38, 42, 76, 78, 79, 80, 117
trabaria 64
Trajan 48, 49, 51, 58, 71, 82, 83, 93, 95, 96, 97, 99, 102
Transmarisca 26, 28, 88, 105
Trapezunt 19
trierarchus 4, 11, 12, 40, 41, 116
trireme 48, 51, 62, 66, 106
Troesmis 1, 11, 27, 36, 88, 118
Trynkowski, J. 35
tubicen sacrorum 115
Tudor, D. 82
tutela navis 49
Tyana 43, 116
Tyras 12, 15, 17, 22, 42, 117

Ulpius Valens 12, 42, 116, 117

Valens 62, 67, 71, 105, 106
L. Valerius 37, 115
M. Valerius Maximianus 20
Valerius Valens 42, 116, 117
C. Valerius Valens 12, 42, 116
Végèce 2, 26, 29, 30, 52, 53, 54, 55, 66
Vespasien 4, 9, 17, 31, 37, 93, 115
vexillatio classis 12, 15, 20, 23, 30, 35, 36, 42, 115

~classis Ravennatis 12
vicus Buteridava 116
vicus Carporum 105
~classicorum 12, 23, 36, 88, 117
Viereck, H.D.L. 5
Viminacium 16, 19, 24, 25, 28, 36, 71, 88
Vindius Verianus 18, 38. 116

Vitalien 108
Vitelius 8, 14, 92
Vulpe, R. 5, 96

Xiphiline 93, 97

Zosime 2, 23, 62, 67, 105, 106, 107